GRAMMAIRE FRANÇAISE

ÉLÉMENTAIRE,

COMPRENANT

DES NOTIONS DÉVELOPPÉES SUR L'ORTHOGRAPHE,

l'Analyse grammaticale et l'Analyse logique,

A l'usage des Écoles primaires et moyennes;

Par Th. OLIVIER.

Bien penser, bien parler, bien agir

—

PARIS   ✠   TOURNAI

RUE DE TOURNON, 20. ✠ RUE AUX RATS, 11.

H. CASTERMAN

ÉDITEUR.

GRAMMAIRE FRANÇAISE

ÉLÉMENTAIRE

COMPRENANT DES NOTIONS DÉVELOPPÉES

SUR L'ORTHOGRAPHE,

L'ANALYSE GRAMMATICALE ET L'ANALYSE LOGIQUE,

A L'USAGE DES ÉCOLES PRIMAIRES ET MOYENNES;

Par Th. OLIVIER.

Bien penser, bien parler, bien agir.

PARIS
RUE DE TOURNON, 20.

TOURNAI
RUE AUX RATS, 11.

H. CASTERMAN
ÉDITEUR.
1857

PROPRIÉTÉ

.(C

PRÉFACE.

Nous nous sommes proposé pour but, dans cette nouvelle Grammaire française, de mettre l'élève sur la voie des transformations qui s'opèrent dans l'enseignement de la langue, sans lui faire perdre la tradition des méthodes anciennes, qui ont rendu de précieux services.

Tout en nous efforçant d'être bref, nous n'avons pas hésité à donner du développement aux explications, chaque fois que la clarté nous a paru l'exiger. Résumer l'enseignement grammatical en un petit nombre de pages est sans doute chose très-utile; mais il faut aussi se garder de devenir abstrait en voulant être simple, ou de tronquer en voulant abréger : l'étude deviendrait pénible, rebutante pour l'élève, et, ce qui serait plus grave, l'erreur pourrait naître dans son esprit par suite d'exposés incomplets.

Nous publierons prochainement un recueil d'*exercices*, où les mots seront présentés dans l'ordre logique des idées qu'ils expriment, et où les différentes branches de l'instruction se trouveront, en quelque sorte, enveloppées dans l'enseignement de la langue. Nous ne ferons, en cela, que suivre la voie féconde ouverte par des maîtres expérimentés, parmi lesquels on se plaît à citer le P. Girard, ce vénérable ami de la jeunesse. Faire rentrer toutes les notions humaines dans la notion du langage, éclairée par la morale religieuse, tel doit être le but constant de l'instruction scolaire, continuatrice de l'instruction maternelle.

Nous publierons aussi une *syntaxe,* rédigée dans les mêmes idées, ainsi que des *exercices* qui y correspondront.

En présentant séparément la grammaire et la syntaxe, formant chacune un tout complet, cet ouvrage procurera à l'élève les avantages des abrégés sans en avoir les inconvénients.

INTRODUCTION.

CONSIDÉRATIONS PRÉLIMINAIRES SUR LE LANGAGE.

1. L'homme communique ses idées à son semblable par la *parole*, don du Créateur. La parole, avec l'intelligence dont elle est le signe, élève l'homme au-dessus des animaux, et en fait le roi de la création.

2 La parole s'exprime par des *sons articulés* formant des *mots*. Les mots, employés de diverses manières, constituent ce que l'on appelle le *discours*. Par le moyen de l'*écriture*, les mots que la bouche prononce, et, par conséquent, la suite des idées qu'ils expriment, peuvent être représentés par des signes visibles à l'œil, signes que l'on appelle *lettres ;* et ainsi la pensée peut se transmettre au loin ou se conserver après qu'elle a été exprimée : de là une grande facilité pour l'étude, pour le développement des facultés de l'esprit, et pour les relations des hommes entre eux.

3. On comprend donc combien il est essentiel de savoir parler et écrire correctement, ce qui, au fond, est la même chose. L'art de parler et d'écrire correctement s'appelle la *grammaire*, d'un mot grec qui signifie *écrire*.

4. La grammaire proprement dite définit les caractères des différentes espèces de mots employés dans le langage, et qu'on

---

QUESTIONNAIRE.

1. Comment l'homme exprime-t-il ses idées ? — 2. Quels sont les éléments de la parole? — Qu'est-ce que la parole *écrite* ? — Comment appelle-t-on les signes qui servent à écrire les mots ?—Quels sont les avantages de l'écriture? — 3. Qu'est-ce que la *grammaire* ? — 4. Distinguez

appelle ordinairement les *parties du discours*. L'arrangement des mots entre eux fait l'objet de ce qu'on nomme la *syntaxe;* et l'art d'en composer le discours, de telle sorte qu'ils fassen* bien saisir les idées, s'appelle *rhétorique*.

5 La langue française compte dix espèces de mots ou *dix parties du discours*. Avant de nous occuper de chaque espèce en particulier, il convient de donner quelques notions générales sur les mots et sur la manière de les écrire.

NOTIONS GÉNÉRALES
SUR LES MOTS ET LES LETTRES.

6 Les mots sont d'une seule ou de plusieurs *syllabes*. On appelle syllabe ce qui se prononce en un seul temps, *par une seule émission de voix* Ainsi le mot *nom* n'a qu'une syllabe ; le mot *vertu* en a deux (*ver-tu*); le mot *revenir* en a trois (*re-ve-nir*). Les mots d'une seule syllabe sont appelés *mono-syllabes*.

7. On distingue dans une syllabe le *son* proprement dit, et l'*articulation* que lui donnent la langue, les dents, le gosier. Ainsi, dans la syllabe *la*, on distingue le son *a* et l'articulation *l ;* dans la syllabe *va*, on distingue le même son *a* et l'articulation *v ;* dans les syllabes *ca*, *ga*, on distingue encore le même son, avec les articulations *c* et *g*. Il y a aussi des syllabes sans articulation : telle est la première syllabe du mot *avoir*, qui n'est formée que du simple son *a*.

8 Pour écrire les mots, on se sert de *lettres ;* et les lettres ont été divisées en deux espèces : celles qui représentent les sons et celles qui représentent les articulations. Les premières s'appellent *voyelles*, parce qu'elles forment seules un son, une *voix ;* les secondes s'appellent *consonnes*, parce qu'elles

---

la *grammaire* proprement dite, de la *syntaxe* et de la *rhétorique*. — 5 Qu'entend-on par *parties du discours ?* — 6 De quoi se composent les mots ? — Qu'est-ce qu'une *syllabe ?* — Comment appelle-t-on les mots d'une seule syllabe ? — 7. Qu'y a-t-il à distinguer dans la *pronon-*

ne peuvent former un son qu'avec le concours des voyelles.

9. VOYELLES. — On compte ordinairement en français six voyelles, qui sont : *a, e, i, o, u, y* On peut y ajouter les sons *au, eu, ou, an, en, in, on, un, eun*, qui sont de véritables voyelles, quoique ne s'écrivant pas d'une seule lettre. Les derniers (*an, en*, etc) ont reçu le nom de *voyelles nasales*, parce qu'ils se prononcent un peu du nez. Les mots *moyen, antique, jeûn, brun, lin, bon*, en offrent des exemples.

10. On a appelé *diphthongues* la réunion de deux sons en une seule syllabe, en un seul temps, en une seule émission de voix, comme · *ia, ié. io, ien, ieu, oi, ui*, ainsi qu'on en trouve des exemples dans les mots : *diacre, pied, pioche, bien, lieu, loi, lui*, etc. Les diphthongues, on le voit, sont bien différentes des *voyelles composées* dont nous venons de parler · les voyelles composées pourraient, si on le voulait, s'écrire chacune par une lettre dont on augmenterait la langue elles n'ont qu'un son , tandis que les diphthongues en ont deux, ce qui exige nécessairement deux lettres.

11 Nous devons faire quelques remarques sur les voyelles.

12 Les voyelles ont été divisées en *longues* et en *brèves*. Les longues sont celles sur lesquelles la voix appuie plus longtemps, les brèves, celles sur lesquelles on passe plus rapidement. Ainsi, *a* est long dans *pâte* et bref dans *patte ; e* est long dans *fête* et bref dans *cette ; i* est long dans *gîte* et bref dans *petite ; o* est long dans *côte* et bref dans *note ; u* est long dans *flûte* et bref dans *butte ; eu* est long dans *jeûne* et bref dans *seul ; ou* est long dans *croûte* et bref dans *écoute*, etc.

13. On distingue trois sortes d'*é* : 1° l'*e muet*, ainsi nommé parce que le son en est sourd et peu sensible, comme à la

ciation des mots? — 8. Comment divise t-on les *lettres* ? — 9. Combien y a-t-il de *voyelles* en français ? — N'y a-t-il pas d'autres voyelles que celles qui s'écrivent par une seule lettre ? — Qu'appelle-t-on *voyelles nasales* ? — 10 Qu'appelle-t-on *diphthongues*? — donnez-en des exemples. — Distinguez les diphthongues des *voyelles composees* — 12. Qu'appelle-t-on voyelles *longues* et voyelles *brèves* ? — donnez-en des exemples. — 13. Combien distingue-t-on de sortes d'*e*, et quels en sont les

fin de ces mots : *homme, table,* etc., ou au milieu de ceux-ci: *appelait, hameçon,* etc., 2° l'é *fermé,* qu'on prononce la bouche presque fermée, comme dans les mots *bonté, pied, envoyer, éclipser,* etc. , 3° l'è *ouvert,* qu'on prononce en ouvrant assez fortement la bouche, comme dans les mots *succès, secret, respect,* etc.

14. Pour marquer les trois sortes d'e et les voyelles longues, on emploie trois petits signes appelés *accents :* l'accent *aigu* (é) se met sur beaucoup d'e fermés ; l'accent *grave* (è) sur beaucoup d'e ouverts ; l'accent circonflexe (ê) sur la plupart des voyelles longues : *trône, suprême, gîte,* etc. L'accent grave s'emploie aussi sur la voyelle *a* dans certains cas particuliers.

15 Il y a encore un autre signe, nommé *tréma* (e), qu'on place au-dessus d'une voyelle pour indiquer qu'elle doit se prononcer distinctement de celles qui l'accompagnent : ainsi par exemple, dans *hair, aigue,* etc.

16 L'*y* a tantôt le son d'un *i* simple, comme dans *physique, style;* tantôt celui de deux *i,* comme dans *pays, voyage,* qu'on prononce *pai-is, voi-iage.*

17. CONSONNES. — Il y a en français dix-neuf consonnes, savoir : *b, c, d, f, g, h, j, k, l, m, n, p, q, r, s, t, v, x, z.*

18. La consonne *h* ne forme pas une véritable articulation, mais seulement une *aspiration;* encore cette aspiration n'a-t-elle lieu que dans un certain nombre de mots, tels que: *la hâte, le héros, la hache, se hérisser.* Dans le plus grand nombre des mots français où elle entre, la lettre *h* ne se fait pas sentir, et on l'appelle alors *h muette,* par opposition à l'*h* aspirée : *l'honneur, s'honorer, l'homme, l'histoire.* Remarquons que l'*h,* aspirée dans *héros,* ne l'est pas dans ses dérivés · on dit *l'héroisme, il se conduisit héroïquement.*

19. Le *c* est *dur* devant les voyelles *a, o, u : carrosse,* co-*lonne, cuir ;* et *doux* devant les voyelles *e, i: cependant, cirer.* Pour le rendre doux devant *a, o, u,* on se sert d'un petit si-gne nommé *cédille(ç),* que l'on place sous le *c : maçon, avança.* Le *c* suivi de *h* a une prononciation particulière , comme dans *chanter, chérir,* etc. Dans certains mots tirés du grec , *ch* a le son de *k · archange.*

20. Le *g* est *dur* aussi devant *a, o, u : garantir , gomme, aigu ;* et *doux* devant *e, i : gémir, girofle.* Pour le rendre doux devant *a, o, u,* on le fait suivre d'un *e* muet : *nous mangeons, je mangeai, une gageure* (prononcez *gojure),* etc.; pour le ren-dre dur devant *e* et *i,* on le fait suivre d'un *u,* comme dans *guérite, guitare,* etc. Dans certains noms, tels que *Enghien, Ghislain,* l'*h* remplit ce dernier rôle.

21. Le *q* est toujours suivi d'un *u : qui, que, quel, qualité, équilibre.* Cet *u* ne se fait pas sentir. sauf dans quelques mots, tels que *équestre, équateur, équitation,* etc.

22. Le *p* suivi d'une *h* a le son de *f* dans certains mots tirés du grec, tels que *philosophie, apostrophe.*

23. Dans certains autres mots, tirés également du grec, le *t* est suivi de l'*h* (*théorie, théorème,* etc) sans que la pronon-ciation soit différente, en français, de celle du *t* simple.

24. Il en est de même pour l'*r : rhéteur, rhétorique, rhino-céros.*

25. APOSTROPHE, TRAIT D'UNION. — Il nous reste à dire quel-ques mots de l'*apostrophe* et du *trait d'union.* L'apostrophe (') est un signe que l'on met devant une consonne pour tenir la place d'une voyelle qui ne se prononce pas, comme lorsqu'on écrit *l'honneur, l'âme,* pour *le honneur, la âme.* Le trait

---

19 Quelles sont les particularités relatives à la consonne *c* ? — com-ment rend-on le *c* doux devant *a, o, u* ? — Comment se prononce *ch*? 20 Quelles sont les particularités relatives a la consonne *g* ? — Com-ment rend-on le *g* doux devant *a, o , u*? — Comment le rend-on dur devant *e* et *i*? — 21 Quelles sont les particularités relatives a la con-sonne *q* ? — 22. Comment se prononce le *p* suivi de *h* ? — 23 et 24. Comment se prononcent *t* et *r* suivis de *h*? — 25. Qu'est-ce que l'*apos-*

d'union (-) se place entre les mots qu'on veut réunir en un seul : *nouveau-né, arc-en-ciel, dix-huit, celui-là*, etc.

26. Ordre alphabétique. — L'ensemble des caractères ou lettres qui servent à écrire les voyelles et les consonnes, a reçu le nom d'*alphabet*. L'alphabet français comprend donc vingt-cinq lettres, qu'on écrit dans l'ordre suivant : *a, b, c, d, e, f, g, h, i, j, k, l, m, n, o, p, q, r, s, t, u, v, x, y, z.*

Cet ordre s'appelle *ordre alphabétique.* Il est suivi pour le classement des mots dans le *vocabulaire*, ou recueil des mots qui appartiennent à la langue.

27. Orthographe. Le vocabulaire, qu'on appelle encore *dictionnaire*, donne la manière d'écrire les mots, c'est-à-dire leur *orthographe*. La grammaire donne les règles des modifications que subit l'orthographe, suivant les variations auxquelles les mots sont sujets. En étudiant les différentes parties du discours, nous verrons que le plus grand nombre d'entre elles sont variables.

DE LA DIVISION DES PARTIES DU DISCOURS.

28 Lorsqu'on dit : *Dieu est bon*, les trois mots dont ce discours se compose ont chacun un caractère bien distinct. Le premier, *Dieu*, nomme le sujet de la pensée exprimée, c'est un NOM. Le deuxième, *est*, affirme l'*existence* même de ce sujet: c'est le mot par excellence; aussi l'a-t-on appelé VERBE, du mot latin *verbum*, qui signifie *parole*. Le troisième, *bon*, représente la qualité qui est attribuée au sujet, il *ajoute* à la signification du nom l'idée de bonté. c'est un ADJECTIF, d'un mot latin qui signifie *ajouter*.

Nom, verbe et *adjectif* sont donc trois parties bien distinc-

tes du discours. Ce sont les plus essentielles et les plus fondamentales, et nous verrons que les autres tirent de celles-ci
leur importance.

29 Lorsqu'on dit : *Ah ! je suis contrarié ! Le jeune
ouvrier qui travaille ordinairement avec zèle et ardeur, néglige
aujourd'hui sa besogne*, — l'esprit saisit tout d'abord les verbes *suis, travaille, néglige*, les noms *ouvrier, zèle, ardeur,
besogne*, et l'adjectif *jeune*. En examinant les autres mots et
les rapportant à ceux-là, il reconnaîtra les différentes parties
du discours et leur caractère.

Le mot *ah*, qui, jeté en passant, résume à lui seul l'idée
de contrariété que le discours exprime d'une manière plus
détaillée, est une INTERJECTION.

Le mot *je*, qui *remplace le nom* de la personne qui parle,
est un PRONOM.

Le mot *contrarié*, qui vient du verbe *contrarier*, et qui
remplit le rôle d'adjectif, *participe* à la fois de l'adjectif et du
verbe, on l'appelle PARTICIPE.

Le nom *ouvrier* est précédé du mot *le*, qui le caractérise, le
détermine comme désignant une personne   *le* est un ARTICLE.

Le mot *qui*, placé devant le verbe *travaille*, pour tenir lieu
du nom *ouvrier*, est encore une espèce de pronom.

Les mots *ordinairement* et *aujourd'hui*, qui modifient l'action exprimée par les verbes *travaille* et *néglige*, sont appelés
ADVERBES.

Le mot *avec*, placé devant le nom *zèle*, pour indiquer un
rapport entre l'idée exprimée par ce mot et celle qu'exprime
le verbe *travaille*, s'appelle PRÉPOSITION.

Le mot *et*, qui joint les deux mots *zèle* et *ardeur*, est une
CONJONCTION.

Le mot *sa*, placé devant *besogne*, détermine cette besogne
comme étant celle de l'ouvrier, et non celle d'un autre ; il

exprime la *possession :* c'est une espèce d'adjectif appelé *déterminatif possessif.*

30. Dans cet exemple, toutes les parties du discours se trouvent réunies. On les étudie ordinairement dans l'ordre suivant : le *nom,* l'*article,* l'*adjectif,* le *pronom,* le *verbe,* le *participe,* l'*adverbe,* la *préposition,* la *conjonction* et l'*interjection.* Les six premières sont *variables,* c'est-à-dire sujettes à certains changements de formes, suivant les variétés de leur emploi, les quatre dernières sont *invariables*

GRAMMAIRE FRANÇAISE.

CHAPITRE PREMIER.

DU NOM, OU SUBSTANTIF.

31. Le *nom*, que l'on appelle aussi *substantif*, est un mot qui sert à *nommer* les personnes et les choses : *homme, livre, soldat, plaine*, etc., sont des noms.

Non-seulement on désigne par des noms les objets qui tombent sous les sens, mais encore on donne des noms à ceux qui ne s'aperçoivent que par la vue de l'esprit, comme : l'*utilité*, la *bonté*, la *douceur*, etc.

32. On distingue deux sortes de noms : le nom *propre* et le nom *commun*.

33. Le nom propre est celui qui désigne particulièrement une personne ou une chose, comme : *Pierre, Paul*, l'*Europe*, l'*Escaut*, etc.

34. Le nom commun est celui qui s'applique à toutes les personnes ou à toutes les choses d'une même espèce, qui leur est *commun* à toutes : *homme, soldat, pays, fleuve*, sont des noms communs.

35. On appelle noms *collectifs*, ceux qui expriment **la** réunion, la *collection* de plusieurs objets : *forêt, armée, peuple, multitude*, sont des noms collectifs.

36. Dans les noms, il faut considérer le *genre* et le *nombre*.

DU GENRE DANS LES NOMS.

37. Il y a en français deux genres : le *masculin* et le *féminin*.

---

31. Qu'est-ce que le *nom*, et comment l'appelle-t-on encore ? — 32. Combien distingue-t-on de sortes de noms ? — **33.** Qu'est-ce que le *nom propre* ? — 34 Qu'est-ce que le *nom commun* ? — 35 Qu'appelle-t-on *noms collectifs* ? — 36. Qu'y a-t-il à étudier dans les noms ? — 37. Combien y a-t-il de *genres* en français ? — 38. D'où viennent les

38. Les noms d'hommes sont du genre masculin *un homme, un ouvrier, un menuisier, Jean, Joseph,* etc.

Les noms de femmes sont du genre féminin *une femme, une ouvrière, une lingère, Jeanne, Joséphine,* etc.

Les noms des mâles d'animaux sont masculins · *un lion, un loup, un cheval,* etc. Ceux des femelles sont féminins : *une lionne, une louve, une jument,* etc.

39. Par analogie, l'usage a donné un genre à tous les autres noms, dont les uns se trouvent être du masculin, les autres du féminin, sans que la grammaire puisse en donner la raison. Ainsi : *un livre, un pain, un outil, un vase, le Rhin, le Rhône, le Tyrol,* sont des noms masculins; *une table, une montre, une arme, une corbeille, la Seine, la Tamise, la Bourgogne,* sont des noms féminins Et même, les noms d'animaux où le mâle n'est pas appelé différemment de la femelle, sont tantôt masculins, tantôt féminins, comme les noms des autres objets, sans qu'on puisse davantage en expliquer le motif : *un corbeau, un léopard, un milan, un éléphant,* sont du genre masculin, *une pie, une hyène, une fouine, une belette,* sont du genre féminin.

DU NOMBRE DANS LES NOMS.

40. On dit qu'un nom est au *singulier* lorsqu'il ne désigne qu'un seul objet, au *pluriel* lorsqu'il en désigne deux ou un plus grand nombre.

41. On écrit en général le pluriel des noms en ajoutant une s au singulier · *le livre* fait au pluriel *les livres; la dent, les dents; le respect, les respects; l'écolier, les écoliers; le roi, les rois,* etc.

42 Les noms terminés par s, x ou z, s'écrivent au pluriel comme au singulier : *le héros, les héros; la voix, les voix; le nez, les nez.*

43. Les noms terminés en *au* et en *eu* prennent un *x* au pluriel, au lieu d'une s . *vœu, cheveu, jeu,* font *vœux, cheveux, jeux; tuyau, étau, marteau,* font *tuyaux, étaux, mar-*

---

genres?— 39 Quel genre donne t on aux noms des objets qui ne suivent pas la distinction des sexes ? — 40 Donnez une idée du *nombre.* — 41. Comment écrit-on en général le *pluriel* des noms ?— 42 à 49. Quelles

teaux. Un seul nom fait exception : c'est *landau*, sorte de voiture d'origine étrangère ; on écrit, au pluriel, des *landaus*.

44 Sept noms en *ou* prennent l'*x* au pluriel, ce sont : *caillou, bijou, chou, hibou, genou, joujou, pou*, qui font au pluriel : *cailloux, bijoux, choux, hiboux, genoux, joujoux, poux*. Les autres prennent l's : *clous, verrous, trous, filous*, etc.

45. Les noms en *al* font leur pluriel en *aux* : *cheval, chevaux; animal, animaux; hôpital, hôpitaux;* etc. Il n'y a d'exception que pour *régal, bal, carnaval, cal, aval* (endossement d'un billet), *cantal* (fromage), *nopal* (nom d'arbre), *chacal* (nom d'animal), et quelques autres noms spéciaux. *Pal* fait au pluriel également *pals* et *paux*.

46. Certains noms en *ail* font aussi leur pluriel en *aux;* ce sont : *bail, émail, corail, soupirail, vantail, vitrail, travail*, qui font : *baux, émaux, coraux, soupiraux, vantaux, vitraux, travaux*. Tous les autres prennent simplement l's au pluriel : *un détail, des détails; un portail, des portails. Travail* fait aussi son pluriel en *ails*, quand il désigne les comptes que rend le ministre au roi, ou le commis au ministre, il en est de même, lorsque *travail* désigne la machine où l'on fait entrer les chevaux pour les ferrer. Dans ces deux cas, on dit au pluriel · *des travails*.

47. *Ail* fait, au pluriel, *aulx* ou *ails*. *Bercail* et *bétail* n'ont pas de pluriel ; *bestiaux* n'a pas de singulier.

48. *OEil, ciel,* font, au pluriel, *yeux, cieux*. Cependant le nom composé *œil-de-bœuf*, signifiant une lucarne, une fenêtre ronde, a pour pluriel *œils-de-bœuf. Ciel* fait au pluriel *ciels*, lorsqu'il s'agit du ciel d'un tableau, ou de l'aspect du ciel dans un climat : *ce peintre fait bien les ciels; cette ville est située sous un des plus beaux ciels du monde*. On dit aussi des *ciels* de lit.

49 *Aieul* fait au pluriel *aieuls,* quand il désigne le grand-père paternel et le grand-père maternel, et *aieux*, dans tous les autres cas.

---

sont les exceptions à la règle générale de la formation du pluriel ? — Comment se forme le pluriel des noms terminés en *s, x* ou *z* ? — en *au* et en *eu* ? — en *ou* ? — en *al* ? — en *ail* ? — Quel est le pluriel des noms *œil, ciel, aieul* ? — 50. Comment se forme le pluriel des noms composés ?

50. Nous avons vu plus haut un *nom composé · œil-de-bœuf*; il y a encore d'autres noms semblables : la formation de leur pluriel offre certaines difficultés, que l'on résout en considérant le sens des mots qui les forment. Voici les pluriels de quelques-uns des plus usités : *un chien-loup, des chiens-loups ; un coffre-fort, des coffres-forts ; un vice-roi, des vice-rois ; un passe-partout, des passe-partout ; un nouveau-né, des nouveau-nés* (nouvellement nés), etc.

51. Le nom propre, ne désignant qu'un seul objet, est toujours au singulier : *Virgile, Homère*. Lorsqu'on dit : *les Virgiles et les Homères sont rares*, c'est que l'on fait, de ces noms propres, des noms communs pour exprimer de grands poètes. Lorsqu'on dit : *les Homère et les Virgile sont la gloire des lettres*, c'est une manière de s'exprimer, propre à la langue française, pour dire : *les poètes nommés Homère et Virgile sont*, etc. Dans ce dernier cas, ces noms, n'étant pas employés comme noms communs, ne prennent pas la marque du pluriel.

52. Complément du nom. Lorsque l'idée exprimée par un nom se trouve *complétée* par d'autres mots, ces mots forment ce qu'on appelle le *complément* de ce nom. Ainsi, dans ces exemples : *la voûte du ciel, l'honneur d'être admis*, les mots *du ciel* forment le complément du nom *voûte*, et les mots *d'être admis* le complément du nom *honneur*.

CHAPITRE II.

DE L'ARTICLE.

53. Lorsqu'on dit : *voilà le menuisier*, le nom *menuisier* est employé pour désigner la personne même de l'homme auquel il s'applique. Mais lorsqu'on dit : *Pierre est menuisier*, alors *menuisier* exprime seulement une qualité de cet homme. Dans le second exemple, le nom *menuisier* n'est donc pas employé réellement comme nom, tandis qu'il remplit ce rôle dans le premier. Voilà pourquoi, dans celui-ci, il est précédé du petit mot *le*, qu'on appelle *article* De même, dans cet exemple · *je vois le bout de la route*, le nom *bout* désigne un objet déterminé, tandis que dans celui-ci · *je suis à bout*, ce même nom ne désigne pas un objet, mais fait simplement partie de l'expression qualificative *à bout :* c'est pourquoi il prend l'article dans le premier cas, et non dans le second.

54 L'article a donc pour but de déterminer si le nom est employé substantivement. Il suffit même de placer l'article devant un mot quelconque, pour lui donner le rôle d'un nom : LE *beau*, LE *bien;* LES *qui et* LES *que;* LES *pourquoi et* LES *parce que.* Parfois on place l'article devant une phrase entière pour la transformer en substantif : LE *qu'en dira-t-on?* LE *qui vive!* etc.

55. Il n'y a en français qu'un article : LE, faisant au féminin LA, et au pluriel LES.

56. L'article s'accorde en genre et en nombre avec le nom devant lequel il se trouve.

57. Lorsque le nom qui suit l'article *le* ou *la* commence par une voyelle ou une *h* muette, l'*e* ou l'*a* de l'article ne se prononce pas, et se remplace par l'apostrophe, ainsi on dit : *l'homme, l'aliment, l'imitation,* pour *le homme, le aliment, la imitation.* On dit alors que l'article *s'élide*, qu'il y a *élision* de l'article.

58 Lorsque l'article *le* ou *les* est précédé de la préposition *de,* les deux mots *de le, de les,* se réunissent, se *contractent* en un seul, ainsi on dit · DU *maître,* pour DE LE *maître;* DES *maîtres,* pour DE LES *maîtres.*

59. De même, lorsque *le* ou *les* est précédé de la préposition *à,* les deux mots *à le, à les,* se contractent en un seul; on dit . AU *maître* pour A LE *maître;* AUX *maîtres,* pour A LES *maîtres.*

60. La contraction n'a pas lieu, lorsque le nom qui suit l'article *le* commence par une voyelle ou une *h* muette; on dit : *de l'honneur, à l'honneur; de l'objet, à l'objet;* et non : *du honneur, au honneur; du objet, au objet.*

61. Quant à l'article féminin *la*, il ne se contracte jamais. On dit *à la, de la : le livre* DE LA *sœur, donner un livre* A LA *sœur*.

62. Observons que le nom propre n'a pas besoin d'article, parce qu'il détermine suffisamment par lui-même son rôle de substantif. Cependant certains noms propres, tels que *Le Mans, L'Ecluse, Le Titien, Les Alpes, Le Rhin*, et en général tous les noms de montagnes, de fleuves, de pays, prennent l'article, qui fait alors en quelque sorte partie intégrante du nom propre.

CHAPITRE III.

DE L'ADJECTIF.

63. L'*adjectif* est ainsi appelé, parce qu'il *ajoute* à l'idée de l'objet exprimé par le nom, l'*idée* d'une qualité ou d'une manière d'être de cet objet. Ainsi, quand on dit · BON *livre*, le mot *bon* ajoute au nom *livre* l'idée de la qualité que *bon* exprime ; c'est un adjectif. Quand on dit : CE *livre*, le mot *ce* ajoute à l'idée de *livre*, qu'il s'agit du livre que l'on montre, c'est encore un adjectif. Si l'on dit : MON *livre*, TON *livre*, SON *livre*, les mots : *mon, ton, son*, seront encore des adjectifs, puisqu'ils ajoutent à la signification du nom *livre*, l'idée que le livre appartient à la personne qui parle, à celle à qui ou de qui l'on parle. Si l'on dit . UN *livre*, DEUXIÈME *livre*, les mots *un, deuxième*, ajoutant au nom *livre* l'idée du nombre ou de l'ordre, du classement, seront aussi des adjectifs.

64 On voit que les adjectifs sont de différentes sortes. On peut les diviser en deux classes : les adjectifs *qualificatifs*, exprimant l'idée d'une *qualité;* les adjectifs *déterminatifs*, servant à déterminer les substantifs d'une manière quelconque. Ces derniers tiennent lieu d'article.

contraction n'a-t-elle pas lieu ? — 61. L'article féminin *la* se contracte-t-il ? — 62. L'article s'emploie-t-il devant les noms propres ? — 63. Quelle est la fonction de l'*adjectif*, et donnez-en une idée par divers exemples. — 64. Comment divise-t-on les adjectifs ? — 65. Qu'y a-t-il

DES ADJECTIFS QUALIFICATIFS.

65 Nous aurons à considérer dans ces adjectifs : 1° le genre, 2° le nombre, 3° ce qu'on a appelé les *degrés de qualification*, et 4° l'accord de l'adjectif avec le substantif Nous aurons aussi quelques mots à dire du *complément* des adjectifs.

66 Du GENRE DANS LES ADJECTIFS. — L'adjectif prend le genre du nom auquel il se rapporte.

67 Pour former le féminin d'un adjectif, il suffit, en règle générale, d'ajouter un *e* muet au masculin : *grand, grande; fort, forte; vrai, vraie; aîné, aînée; prudent, prudente*, etc. Cependant, vu les terminaisons si variées des adjectifs, il y a un assez grand nombre d'exceptions, que nous allons indiquer brièvement

68 Les adjectifs terminés au masculin par un *e* muet ne changent pas au féminin · *agréable, utile, terrible, sensible*, etc , ont la même forme pour les deux genres

69 Les adjectifs terminés en *gu* prennent le tréma sur l'*e* muet qui indique le féminin : *ambigu, aigu, contigu*, etc , s'écrivent au féminin *ambigue, aigue, contigue*. Sans ce tréma, en effet, la syllabe finale *gue* se prononcerait comme dans *figue, fatigue*, où l'*u* ne sert qu'à rendre le *g* dur devant l'*e*.

70 Les adjectifs terminés en *er*, comme *guerrier, altier, fier, amer*, etc. prennent au féminin l'accent grave sur l'*e* qui précède l'*r* : *guerrière, altière, fière, amère*, etc.

71. Les adjectifs terminés en *el, eil, en, on, et*, doublent la consonne finale avant l'*e* muet : *immortel, immortelle; vermeil, vermeille; moyen, moyenne; bon, bonne; muet, muette*. — *Complet, concret, discret, secret, inquiet, replet*, remplacent le redoublement de la consonne finale par l'accent grave sur l'*e* qui la précède : *complète, concrète, discrète, secrète, inquiète, replète*.

72. *Beau, nouveau, fou, mou, vieux,* font au féminin *belle, nouvelle, folle, molle, vieille,* à cause des masculins *bel, nouvel, fol, mol, vieil,* qu'on emploie devant les noms qui commencent par une voyelle ou une *h* muette.

73. Les adjectifs *bas, épais, exprès, gras, gros, las, profès, sot, bellot, vieillot, gentil, nul, paysan,* doublent aussi la consonne finale au féminin devant l'e muet : *basse, épaisse, expresse, grasse, grosse, lasse, professe, sotte, bellotte, vieillotte, gentille, nulle, paysanne.*

74. Les adjectifs terminés en *f,* changent *f* en *v* devant l'e muet du féminin : *neuf, bref, naïf, positif,* etc., font *neuve, brève, naïve, positive,* etc.

75 Les adjectifs terminés en *x,* changent l'*x* en *s* devant l'e muet du féminin : *heureux, jaloux, glorieux,* font *heureuse, jalouse, glorieuse,* etc. Cependant, *doux* fait *douce; roux* fait *rousse ;* et *préfix* prend simplement, suivant la règle générale, l'e muet pour former le féminin *préfixe.* Nous avons vu plus haut que *vieux* fait au féminin *vieille,* et pourquoi.

76. Voici encore diverses altérations de la consonne finale devant l'e muet . *blanc, franc, sec, frais,* font au féminin *blanche, franche, sèche, fraîche;* — *caduc, turc, public, grec, ammoniac,* font *caduque, turque, publique, grecque, ammoniaque;* — *long, oblong,* font *longue, oblongue;* — *bénin, malin,* font *bénigne, maligne.*

77. Au féminin des adjectifs *coi* et *favori,* on ajoute un *t* devant l'e muet : *coite, favorite.*

78. Les adjectifs en *eur* tirés des participes présents des verbes, font leur féminin en *euse : chanteur, chanteuse* (de *chantant*); *menteur, menteuse* (de *mentant*) ; *trompeur, trompeuse* (de *trompant*); *vendeur, vendeuse* (de *vendant*); etc. Cependant *exécuteur, inventeur, inspecteur,* et autres qui viennent aussi des participes présents, *exécutant, inventant, inspectant,* etc., font au féminin *exécutrice, inventrice, inspectrice,* etc. ; de même que les qualificatifs en *teur* qui ne

qui doublent la consonne finale devant l'e muet du féminin, et qu'y a-t-il de particulier pour les adjectifs *beau, nouveau, fou, mou, vieux ?* — Comment se forme le féminin des adjectifs terminés en *f ?* — en *x ?* — Quel est le féminin des adjectifs *blanc, franc, sec, frais, caduc, turc, public, grec, ammoniac, long, oblong, bénin, malin ?* — Quel est celui des adjectifs *coi* et *favori ?* — Comment se forme le féminin des divers adjectifs en *eur ?* — Quels sont les adjectifs en *eur* qui ne changent pas au

viennent pas des participes présents, tels que *accusateur, accu-*
satrice; protecteur, protectrice; spoliateur, spoliatrice, etc.
Ambassadeur a pour féminin *ambassadrice.* — *Enchanteur*
fait *enchanteresse.* — *Bailleur, demandeur, défendeur, ven-*
deur (termes de droit), font *bailleresse, demanderesse, défen-*
deresse, venderesse. Pécheur, vengeur, font *pécheresse, venge-*
resse; chasseur, dans le style poétique, fait *chasseresse.* Nous
rapprocherons de ces féminins *devineresse,* dont *devin* est le
masculin. — Quant aux adjectifs en *érieur,* tels que *supé-*
rieur, extérieur, antérieur, etc., ils font leur féminin suivant
la règle générale, en prenant simplement l'e muet : *supérieure,*
extérieure, antérieure, etc. Il en est de même de *meilleur,*
majeur, mineur, qui font au féminin *meilleure, majeure,*
mineure.

Certains qualificatifs en *eur,* qui ne s'appliquent ordinairement qu'à des hommes, comme *auteur, amateur,* etc., s'emploient au féminin comme au masculin : *cette dame est* AMA-
TEUR *de tableaux ; elle est même* AUTEUR *d'œuvres de mérite.*
— Nous rapprocherons de ces qualificatifs les adjectifs *témoin*
et *grognon,* qui ne changent pas au féminin : *elle a été témoin*
de cet événement, — elle est trop grognon pour faire bon
accueil.

79. *Châtain, fat, dispos,* ne s'emploient qu'au masculin.

80. DU NOMBRE DANS LES ADJECTIFS. — Les adjectifs prennent le nombre des noms auxquels ils se rapportent.

81. Pour former le pluriel dans les adjectifs, il suffit,
comme dans les noms, d'ajouter *s* au singulier, tant pour le
masculin que pour le féminin : *saint, saints; grand, grands;*
sainte, saintes, grande, grandes. Il y a aussi des exceptions,
analogues à celles que nous avons trouvées dans les substantifs.

82. Ainsi, les adjectifs terminés en *s, x,* ne changent
pas au pluriel : *un brouillard épais, des brouillards épais ; un*
homme heureux, des hommes heureux; etc.

83. Les adjectifs en *eau* prennent l'*x* au pluriel, au lieu de
l'*s : un livre nouveau, des livres nouveaux.*

84. Les adjectifs en *al* font le pluriel en *aux : un devoir*

féminin ? — Qu'y a-t-il a remarquer pour les adjectifs *chatain,*
fat, dispos ? — 80. Quelle règle suivent les adjectifs pour le nombre ?
— 81. Comment se forme le pluriel dans les adjectifs ? — 82 à 84. Quelles sont les exceptions ? — Comment se forme le pluriel des adjectifs en

moral, des devoirs moraux; un homme loyal, des hommes loyaux; etc. Cependant, un certain nombre d'adjectifs en *al*, peu employés au pluriel masculin, font ce pluriel en *als : amical, fatal, final, frugal, glacial, matinal, nasal, naval, pascal, théâtral,* font au pluriel *amicals, fatals, finals, frugals, glacials, matinals, nasals, navals, pascals, théâtrals.* L'usage n'est pas encore fixé au sujet de quelques autres qualificatifs en *al*, que l'on termine quelquefois en *als*, quelquefois en *aux*, au pluriel, tels sont : *austral, colossal.*

85. Du degré de qualification dans les adjectifs. — L'adjectif peut qualifier à trois degrés différents :

1° En exprimant la qualité purement et simplement, c'est ce qu'on appelle le *positif* Exemple : *ce livre est beau.*

2° En exprimant cette qualité par comparaison d'un objet avec un autre, c'est ce qu'on appelle le *comparatif.* Exemple : *ce livre est* aussi *beau,* plus *beau,* moins *beau, que le vôtre.*

3° En indiquant que la qualité existe à un degré très-haut ou très-bas, c'est le *superlatif.* Exemples *ce livre est* très-*beau,* fort *beau,* extrêmement *beau; ce livre est* le plus *beau,* le moins *beau de tous ceux que je possède; c'est* mon plus *beau,* mon moins *beau.* Dans ces deux derniers exemples, le superlatif est appelé *relatif,* parce qu'il est exprimé *par rapport* à d'autres objets, dans le premier, il est appelé *absolu,* parce qu'il est exprimé d'une manière absolue, c'est-à-dire *indépendamment de tout rapport.*

On forme le superlatif absolu en mettant devant le positif un des mots : *très, fort, bien, extrêmement ;* et le superlatif relatif, en mettant devant le comparatif de supériorité ou d'infériorité l'article simple ou composé, ou un adjectif possessif.

86. Il y a en français trois adjectifs qui expriment par eux-mêmes une comparaison . *meilleur,* au lieu de *plus bon,* qui n'est pas reçu en français, *moindre,* au lieu de *plus petit; pire,* au lieu de *plus mauvais.* De même, *le meilleur, le moindre, le pire,* sont les superlatifs relatifs de *bon, petit, mauvais.*

87 De l'accord des adjectifs avec les noms — L'adjectif prend le même genre et le même nombre que le nom auquel il se rapporte . *le beau livre, les beaux livres; la belle maison, les belles maisons.*

88. Lorsqu'un même adjecti' se rapporte à plusieurs noms, il se met au pluriel : *ce cheval et ce chien sont grands ; cette maison et cette cour sont grandes.*

89. Lorsqu'un même adjectif se rapporte à des noms de genres différents, il prend le pluriel masculin : *cette maison et ce jardin sont grands.*

90. Du COMPLÉMENT DES ADJECTIFS. — Lorsque, pour *compléter* le sens d'un *adjectif*, certains mots s'y rattachent à l'aide d'une préposition, ces mots forment ce qu'on appelle le *complément* de l'adjectif. Ainsi dans . *digne d'éloges, propre à tout, apte à travailler,* les mots *d'éloges, à tout, à travailler,* sont les compléments des qualificatifs *digne, propre, apte.*

DES ADJECTIFS DÉTERMINATIFS.

91. Les adjectifs déterminatifs se divisent en *démonstratifs, possessifs, numéraux* et *indéfinis* On les appelle *déterminatifs,* parce qu'ils déterminent les noms à la manière de l'article, en y ajoutant une idée qui complète la signification.

92. ADJECTIFS DÉTERMINATIFS DÉMONSTRATIFS. — Ces adjectifs ajoutent à la signification du nom qu'ils déterminent, l'idée d'indication, ils les *montrent :* CE *livre,* CET *objet,* c'est-à-dire LE *livre,* L'*objet que* VOILÀ, *que* JE MONTRE.

93. L'adjectif *démonstratif* masculin est CE, qui fait au féminin CETTE, et au pluriel CES pour les deux genres : CE *livre* CETTE *table;* CES *livres,* CES *tables.*

94. Au lieu de CE, on écrit CET devant les noms masculins qui commencent par une voyelle ou une *h* muette : CET *homme,* CET *ouvrage.*

95. ADJECTIFS DÉTERMINATIFS POSSESSIFS. — Ils ajoutent, à la signification du nom qu'ils déterminent, l'idée de *possession :* MON *livre,* c'est-à-dire LE *livre qui est à moi, que je possède;* TON *livre,* c'est-à-dire LE *livre qui est* A TOI, *que tu possè-*

avec le nom ? — 88 et 89. Quelle règle suit l'accord lorsque l'adjectif se rapporte à plusieurs noms ? — a des noms de genre différent ? — 90 Qu'entend-on par *complément* des adjectifs ? — 91 Qu'est-ce que les adjectifs *déterminatifs*, et combien y en a-t-il d'espèces ? — 92 Quelle est la fonction de l'adjectif détermmatif *démonstratif?* — 93. Nommez l'adjectif déterminatif démonstratif, donnez-en le féminin et le pluriel. — 94. Dans quel cas emploie-t-on *cet* au lieu de *ce* ? — 95. Qu'est-ce que

des, etc. On voit aisément, par l'analyse de ces expressions, comment l'adjectif déterminatif tient lieu de l'article, et en quoi il en diffère.

96. Les déterminatifs possessifs sont :

Au singulier : masc. *mon*, *ton*, *son* ; fém. *ma*, *ta*, *sa;* *notre*, *votre*, *leur*, pour les deux genres.

Et au pluriel : *mes*, *tes*, *ses*, *nos*, *vos*, *leurs*, pour les deux genres.

97. *Mon*, *ton*, *son*, s'emploient au féminin, au lieu de *ma*, *ta*, *sa*, devant les noms qui commencent par une voyelle ou une *h* muette : *mon amitié*, *mon écriture*, etc. pour *ma amitié*, *ma écriture*, etc.

98. ADJECTIFS DÉTERMINATIFS NUMÉRAUX. — Ces adjectifs ajoutent à la signification des substantifs l'idée de nombre. On distingue les adjectifs de nombre *cardinaux*, qui expriment la *quantité*, comme · *un*, *deux*, *dix*, *vingt*, *cent*, *mille*, *dix mille*, etc. ; et les adjectifs de nombre *ordinaux*, qui expriment le *rang*, comme · *premier*, *second* ou *deuxième*, *troisième*, *quatrième*, *dixième*, *centième*, *millième*, *dix-millième*, etc.

99. L'adjectif *cardinal* UN prend l'*e* muet au féminin : UNE ; les autres sont les mêmes au féminin et au masculin. Parmi les adjectifs *ordinaux*, *premier* et *second* prennent l'*e* muet au féminin, avec l'accent grave sur l'*e* qui précède l'*r* dans *premier*, comme dans les autres adjectifs en *er: première*, *seconde* ; les autres : *deuxième*, *troisième*, etc., étant terminés par un *e* muet, ne changent pas au féminin.

100. Les adjectifs de nombre *ordinaux* pourraient être considérés comme de véritables adjectifs qualificatifs, ils ne tiennent pas lieu de l'article, car on dit : LE *deuxième prix*, LA *dixième colonne*, etc. On peut les rapprocher des adjectifs *dernier*, *avant-dernier* ou *pénultième*, *anté-pénultième* (celui qui précède l'avant-dernier), adjectifs qui expriment le rang à

les adjectifs déterminatifs *possessifs* ? — 96 Nommez les adjectifs déterminatifs possessifs — 97 Dans quel cas *mon*, *ton*, *son*, s'emploient-ils au lieu de *ma*, *ta*, *sa* ? — 98 Quelle est la fonction des adjectifs déterminatifs *numéraux*, et comment les divise-t-on ? — 99. Quels sont ceux d'entre ces adjectifs qui sont variables ? — 100. Quelle ressemblance y a-t-il entre les adjectifs numéraux ordinaux et les adjectifs qualificatifs ?

la fin d'une série, indépendamment du nombre, comme *premier* l'exprime au commencement.

101. Dans ces expressions : l'*année mil-huit-cent, le deux janvier, Louis-Quatorze, article cinq*, le nombre cardinal est mis pour le nombre ordinal *année dix-huit-centième, le deuxième de janvier, Louis-Quatorzième, article cinquième*. On dit d'ailleurs en français : *le premier du mois*, au lieu d'employer le nombre cardinal comme pour les autres jours. On dit aussi . *Louis, quatorzième du nom*.

102. ADJECTIFS DÉTERMINATIFS INDÉFINIS. — Ils ajoutent à la signification du nom une idée de généralité. Ce sont: *aucun, autre, chaque, certain, maint, même, nul, quel, quelque, quelconque, tel, tout, plusieurs*.

103. Ces déterminatifs prennent le genre et le nombre du substantif auquel ils se rapportent, en suivant les lois ordinaires pour la formation du féminin et du pluriel ; *tout* s'écrit au pluriel masculin *tous*.

104. *Aucun, nul, chaque*, ne s'emploient qu'au singulier ; *plusieurs* n'a que le pluriel.

105. Exemples de l'emploi des adjectifs indéfinis : — *autre temps, autres soins ; — à chaque jour sa peine ; — tout homme est mortel, tous les hommes sont mortels ; — quel bonheur, quelle infortune, quels travaux, quelles guerres ! — tel homme vous dira telle chose, tels hommes vous diront telles choses ; — certain savant prétendait ; — un point quelconque, deux points quelconques*.

106. Observons que le déterminatif numéral *un* est employé souvent comme déterminatif indéfini : UN *homme me disait* UN *jour*. Il ne s'agit pas ici de compter les hommes ni les jours, mais simplement de déterminer les noms *homme* et *jour* d'une manière générale.

— 101 Citez des exemples où le nombre cardinal est employé pour le nombre ordinal — 102 Quelle est la fonction des adjectifs déterminatifs *indéfinis ?* — Citez ces adjectifs — 103 Quelle est la loi de leur accord ? — 104. Quel est le nombre de *aucun, nul, chaque, plusieurs ?* — 105. Donnez des exemples de l'emploi des adjectifs déterminatifs indéfinis. — 106. Qu'y a-t-il à remarquer sur l'adjectif de nombre *un*, à propos des

CHAPITRE IV.

DU PRONOM.

107. Le pronom est un mot qui a pour emploi de tenir la place du nom.

108. On a distingué cinq sortes de pronoms : pronoms *personnels*, *démonstratifs*, *possessifs*, *relatifs* et *indéfinis*.

DES PRONOMS PERSONNELS.

109. Ces pronoms sont ainsi nommés parce qu'ils désignent ce qu'on appelle les trois *personnes* du discours.

110. Dans le discours, il faut distinguer 1° la personne qui parle : c'est la *première personne* ; 2° la personne à qui l'on parle : c'est la *deuxième personne* ; 3° la personne de qui l'on parle : c'est la *troisième personne* Les divers objets dont il est question dans le discours y sont *personnifiés*, c'est-à-dire qu'on leur prête le rôle de personnes. Le plus souvent on parle d'eux à la troisième personne, cependant quelquefois la personnification est poussée jusqu'au point de s'adresser à eux en les mettant à la deuxième personne, ou même de leur prêter un discours, de les faire parler à la première personne pour rendre la pensée plus frappante.

111 Les exemples suivants donneront une idée claire des pronoms personnels et de leur emploi :

Moi, JE ME *trompe*, JE ME *dis* (pour *je trompe* MOI, *je dis* A MOI) : — MOI, JE, ME, représentent la personne *qui parle* ; ils désignent la *première personne*.

Toi, TU TE *trompes*, TU TE *dis* (pour *tu trompes* TOI, *tu dis* A TOI) ; TU me *trompes*, TU me *dis*, etc : — TOI, TU, TE, représentent la personne *à qui l'on parle* ; ils désignent la *deuxième personne*.

Lui, il se *trompe*, elle se *trompe*, il *ou* elle se *dit*; *l'égoïste pense qu'on ne vit que pour* soi : — LUI, IL, ILLE, SOI, représentent la personne *de qui l'on parle;* ils désignent la *troisième personne.* — Dans *je* LUI *dis*, LUI est employé pour *à lui, à elle.*

Si l'on dit : *je* LE *ramène, tu* LE *ramènes, il* LE *ramène,* LE représente aussi une personne de qui l'on parle : c'est encore un pronom de la troisième personne, ce pronom fait au féminin LA, comme l'article.

112. *Moi, je, me, toi, tu, te, se, soi,* sont des deux genres.

113. SE, SOI, est appelé pronom *réfléchi,* parce qu'il ne s'emploie que lorsque la troisième personne agit sur elle-même, et que l'action se *réfléchit* ainsi sur son auteur. Les pronoms de la première et de la deuxième personne *me, te,* sont employés comme pronoms réfléchis, lorsque ces personnes agissent sur elles-mêmes · *je* ME *trompe, tu* TE *blesses*, etc.

114 *Moi, je, me,* pronoms de la première personne, ont pour pluriel NOUS · NOUS NOUS *trompons,* NOUS NOUS *disons,* NOUS *parlons de* NOUS. — *Toi, tu, te,* pronoms de la deuxième personne, ont pour pluriel VOUS : VOUS VOUS *trompez,* VOUS VOUS *dites,* VOUS *parlez de* VOUS. — *Il, elle,* pronoms de la troisième personne, prennent simplement l's au pluriel ILS, ELLES *Lui* a pour pluriel EUX, ELLES, et LEUR (des deux genres), suivant qu'il est employé avant ou après le verbe *je* LUI *dis, je pense* A LUI, *je* LEUR *dis, je pense* A EUX, A ELLES. *Le, la,* font au pluriel LES, comme l'article · *je* LE *vois, je* LA *vois, je* LES *vois. Se* ne change pas au pluriel : *il ou elle* SE *trompe, ils ou elles* SE *trompent. Soi* est toujours du singulier.

115 *Remarque.* En français, on emploie ordinairement la deuxième personne du pluriel pour celle du singulier : *monsieur, vous êtes bien bon; mon père, vous êtes l'objet de mon affection,* etc. Le singulier, qu'on appelle *tutoiement,* ne s'emploie convenablement qu'entre égaux et dans la familiarité. Il sert aussi à exprimer la sévérité et le reproche Dans le style poétique, on emploie souvent la deuxième personne du singulier pour donner de la pompe et de la solennité au style.

miere, de la deuxième et de la troisième personne — 112 Quels sont les pronoms personnels des deux genres ? — 113 Qu'appelle-t-on pronom *réfléchi* ? — 114 Quel est le pluriel des pronoms personnels ? — 115. Dans quel cas emploie-t-on la deuxième personne du pluriel pour

116. Il y a encore deux mots que l'on emploie comme pronoms personnels de la troisième personne : ce sont EN et Y.

EN se dit pour *de lui, d'elle, d'eux, d'elles : j'ai vu les étoffes, j'EN ai rapporté des échantillons (des échantillons* D'ELLES)

– Y se dit pour *à lui, à elle, à eux, à elles : je suis préparé à cet ouvrage, j'Y ai beaucoup pensé (j'ai beaucoup pensé* A LUI).

Nous verrons plus loin que EN et Y ont encore d'autres emplois.

DES PRONOMS DÉMONSTRATIFS.

117. Les pronoms *démonstratifs* ajoutent l'idée d'indication à la signification du nom qu'ils représentent.

118. Dans les exemples suivants :

CE *que je dis est vrai; connaissez-vous,* CELUI, CELLE, CEUX, CELLES, *dont je parle;* CELUI-CI, CELLE-CI, CELUI-LA, CELLE-LA *n'a pas tort;* CEUX-CI, CELLES-CI, CEUX-LA, CELLES-LA, *sont en voyage;* CECI *est bon,* CELA *est mauvais ;*

Ce, celui, ceux, celles, ceci, etc., tiennent la place de noms, et en même temps indiquent, *montrent* les objets désignés par ces noms. C'est pourquoi on les appelle *pronoms démonstratifs.*

119 CE, pronom démonstratif, se distingue de CE, adjectif démonstratif, en ce que ce dernier est toujours joint à un nom : *ce héros, ce voyage;* tandis que CE, pronom démonstratif, est toujours suivi du pronom *qui, que, quoi, dont,* ou du verbe être : *ce que je dis, ce qui me concerne, ce à quoi je pense; c'est vous, ce sera lui, c'étaient eux,* etc.

120. Les pronoms LE, EN, Y, ont quelquefois un emploi qui les rapproche des pronoms démonstratifs. Ainsi, lorsqu'on dit : *viendra-t-il?* — *je ne* LE *crois pas,* ou *j'*EN *doute,* — *le, en,* sont mis pour *cela, de cela;* lorsqu'on dit : *il faut partir,* — *j'*Y *pense,* — Y est mis pour *à cela.*

celle du singulier? — 116. Donnez une idée de *en* et de *y* comme pronoms personnels — 117. Qu'est-ce que les pronoms *démonstratifs?* — 118. Citez ces pronoms, et donnez des exemples de leur emploi — 119 Comment distingue-t-on *ce,* pronom démonstratif, de *ce,* adjectif démonstratif? — 120. Donnez une idée de l'emploi de *en* et de *y* dans le

DES PRONOMS POSSESSIFS.

121. Les pronoms *possessifs* ajoutent l'idée de possession à la signification du nom qu'ils représentent :

A qui appartient ce livre? — *C'est* LE MIEN, LE TIEN, LE SIEN, LE NÔTRE, LE VÔTRE, LE LEUR *A qui appartiennent ces livres?* — *Ce sont* LES MIENS, LES TIENS, LES SIENS, LES NÔTRES, LES VÔTRES, LES LEURS.

A qui appartient cette maison? — *C'est* LA MIENNE, LA TIENNE, LA SIENNE, LA NÔTRE, LA VÔTRE, LA LEUR. *A qui appartiennent ces maisons?* — *Ce sont* LES MIENNES, LES TIENNES, LES SIENNES, LES NÔTRES, LES VÔTRES, LES LEURS.

122. Observons que les pronoms possessifs *le nôtre, le vôtre* se distinguent des adjectifs possessifs *notre, votre*, en ce que ceux-ci n'ont pas d'accent circonflexe sur l'*o* et forment une syllabe brève.

DES PRONOMS RELATIFS.

123. Les pronoms relatifs sont : QUI, QUE, DONT (pour les deux genres), QUOI; LEQUEL, LAQUELLE, DUQUEL, AUQUEL, DESQUELS, DESQUELLES; AUXQUELS, AUXQUELLES.

Le maître QUI *m'a instruit, le livre* QUE *j'ai lu, la lettre* QUE *j'ai écrite, l'homme* DONT *(de qui) je vous ai parlé, la maison* DONT *(de laquelle) vous voyez les ruines, le travail* AUQUEL *je me suis adonné :* ce sont là autant d'exemples de l'emploi du pronom relatif.

124. On le nomme *relatif*, parce qu'il est toujours en rapport, en *relation*, avec un nom ou pronom qui le précède immédiatement, et qu'on appelle *antécédent*. Ainsi, dans les exemples ci-dessus, *maître* est antécédent de *qui; livre, lettre*, sont antécédents de *que; homme, maison*, sont antécédents de *dont; travail* est antécédent de *auquel*. Dans ceux-ci : CE QUI *m'occupe;* CE QUE *je dis ;* CELUI, CEUX, CELLES DONT *je parle;* CE A QUOI *je pense.* les pronoms *ce, celui, ceux, celles*, sont les antécédents des relatifs *qui, que, dont, quoi.*

sens des pronoms démonstratifs. — 121. Qu'est-ce que les pronoms possessifs? — Nommez-les, et donnez des exemples de leur emploi — 122 Comment distingue-t-on les pronoms possessifs *le nôtre, le vôtre*, des adjectifs possessifs *notre, votre?* — 123 Nommez les pronoms *relatifs*, et donnez des exemples de leur emploi. — 124. Pourquoi les ap-
3*

125. Mis au commencement d'une phrase, le pronom relatif prend un sens interrogatif : *qui vous dit? que faites-vous? à quoi pensez-vous? lequel est le meilleur? auquel donnez-vous la préférence?* DONT ne s'emploie pas interrogativement, on dit : DE QUI, DUQUEL, DE LAQUELLE : DE QUI *êtes-vous l'envoyé?* DUQUEL, DE LAQUELLE *des deux faut-il croire les paroles?*

126. Où s'emploie quelquefois dans le même sens que *auquel*; dans ces cas il est pronom relatif : *le moment où je parle, la chaîne où je suis attaché.*

DES PRONOMS INDÉFINIS.

127. Les pronoms indéfinis sont : *On, chacun, autrui, personne, quiconque, quelqu'un, rien, l'un l'autre, les uns les autres, l'un et l'autre.* Ils sont appelés *indéfinis*, parce qu'ils ne désignent les personnes et les choses que d'une manière vague et générale.

128. Les adjectifs indéfinis *nul, tel, aucun, certains,* deviennent pronoms indéfinis lorsqu'ils ne sont pas joints à un substantif. *nul ne répond, aucun n'a dit mot, tel qui rit, certains pensent.* — Remarquons l'adjectif *nul*, qui, suivant le rôle que la pensée lui fait jouer, est adjectif qualificatif : *un résultat nul;* adjectif indéfini : *nul homme ne répond;* ou pronom indéfini : *nul ne répond.* C'est là une preuve des rapports intimes qui existent entre les différentes parties du discours, et de l'empire qu'exerce la pensée sur les mots.

CHAPITRE V.

DU VERBE.

129. Ainsi que nous l'avons dit en donnant une idée générale des parties du discours, le *verbe* est le mot le plus

important, le mot par excellence (*verbum*, en latin, signifie
mot, parole). En effet, c'est lui qui affirme l'existence, sans
laquelle les noms, les adjectifs qui ajoutent à leur signification
des idées de qualité, de nombre ou de détermination quelconque, ne pourraient avoir de sens, non plus que les pronoms
qui tiennent leur place, et les autres parties moins essentielles
du discours. Il n'est donc pas étonnant que l'étude du *verbe*
occupe une si large place dans la grammaire. Pour étudier
convenablement ce vaste sujet, il importe de bien le diviser,
et d'en suivre méthodiquement les complications, en partant
de la nature du *verbe*.

DE LA NATURE DU VERBE.

130. Lorsqu'on dit *cet homme.... occupé, — cet homme....
au travail*, l'idée que ces mots offrent à l'esprit est vague et
indécise, mais si l'on dit *cet homme* EST *occupé, — cet homme
EST au travail, — cet homme* TRAVAILLE, l'esprit est fixé, parce
que l'existence de ce dont on parle lui est affirmée c'est que
le *verbe* est alors dans le discours, sans verbe il n'y a pas de
discours possible

On aurait beau accumuler des noms, des adjectifs, et toutes les autres parties du discours dans l'ordre où l'on voudrait
présenter les idées auxquelles ces mots correspondent, on
n'aurait jamais un discours tant que le verbe y manquerait,
car on n'aurait rien affirmé Dès que le verbe s'y place, tout
s'anime, prend un sens, et l'on a ce qu'on appelle une *proposition*. Le discours compte autant de propositions qu'il y a de
verbes ayant un sujet, exprimé ou sous-entendu.

131. Le verbe *être* est le seul verbe proprement dit, celui
qui affirme l'existence même. Observons que le mot *être* est
aussi le nom par excellence, commun à tous les objets que les
différents noms peuvent désigner, tous peuvent s'appeler des
êtres, même ceux qui ne sont appréciables que par la vue de
l'esprit, dans l'idée d'*être*, tout se trouve renfermé.

132. Le verbe *être* a été appelé *verbe substantif*, parce

---

verbe? — 130. Donnez, par un exemple, une idee de l'importance du
verbe dans le discours — 181 Quel est le seul verbe proprement dit ?
— 132 Quelle différence y a-t-il entre le verbe *substantif* et les verbes
attributifs ? — Donnez des exemples de la decomposition du verbe attri-

qu'il subsiste seul par lui-même, et qu'il est le fond, la *substance* de tous les autres verbes. Ceux-ci n'expriment que les diverses manières d'*être*. On les a nommés *verbes attributifs*, parce qu'ils renferment l'idée de l'action ou de l'état que l'on affirme devoir être *attribués* au sujet. Ils peuvent tous se décomposer en deux idées distinctes : l'existence du sujet, et l'attribut qui lui convient.

Dans ce discours : *Pierre est souffrant*, le verbe *est* affirme que l'attribut *souffrant* convient au sujet *Pierre*. Dans celui-ci : *Pierre souffre*, le mot *souffre* exprime cet attribut, et affirme en même temps qu'il convient à *Pierre ;* il est donc à la fois *verbe* et *attribut ;* voilà pourquoi on l'appelle *verbe attributif.*

De même, *Pierre travaille, Pierre dort, Pierre mange,* etc., sont pour : *Pierre* EST *travaillant, Pierre* EST *dormant, Pierre* EST *mangeant,* etc.

Les divers états ou actions que l'on peut attribuer aux êtres, variant à l'infini, on conçoit qu'il doit exister une foule de verbes attributifs, et que le nombre s'en accroît naturellement dans la langue par le développement des idées et des travaux, de même que celui des noms.

133. Non-seulement le verbe affirme l'action, mais encore il exprime le temps où elle est faite, la manière dont elle a lieu, la place que tient comme personne du discours le sujet auquel elle est attribuée, et le nombre auquel se trouve cette personne. De là les *temps*, les *modes*, les *personnes* et les *nombres* du verbe, qui, par des variations dans la forme, expriment toutes les nuances de l'affirmation, et font de l'étude du verbe la plus intéressante de la grammaire, celle qui est la plus indispensable pour parler et écrire correctement.

DES TEMPS DU VERBE.

134. Si l'on attribue l'action ou l'état au sujet dans le moment actuel, on dit que le verbe est au *présent : cet homme est occupé, cet homme travaille.* Si on l'attribue dans un temps passé, on dit que le verbe est au *passé : cet homme fut occupé, cet homme travailla.* Si on l'attribue dans un temps à venir,

on dit que le verbe est au *futur : cet homme sera occupé, cet homme travaillera. Présent, passé* et *futur* seront donc les trois temps du verbe.

135. Le moment présent étant indivisible, il ne saurait y avoir qu'une seule sorte de présent. Au contraire, le passé et l'avenir pouvant être divisés en périodes qui se précèdent ou se suivent, il y aura naturellement plusieurs sortes de passés et de futurs, permettant de comparer les périodes entre elles, et de déterminer quand ce qui est actuellement passé ou futur, a été ou sera présent.

136 Ainsi, lorsqu'on dit : *cet homme* TRAVAILLAIT *quand vous êtes entré, travaillait* présente l'action, actuellement passée, comme présente lorsqu'une autre, également passée, a eu lieu ; c'est ce qu'on appelle l'*imparfait.*

Lorsqu'on dit' : *cet homme* TRAVAILLA *hier, travailla* présente l'action comme ayant eu lieu dans une période entièrement écoulée ; c'est ce qu'on appelle *passé défini* ou *prétérit défini* (*prétérit* signifie en latin *passé*)

Lorsqu'on dit : *cet homme* A TRAVAILLÉ *ce matin, hier, l'an dernier, cet homme* A *déjà* TRAVAILLÉ, *a travaillé* exprime l'action comme ayant eu lieu dans un temps passé, entièrement, écoulé ou non, c'est ce qu'on appelle le *passé* ou le *prétérit indéfini.*

Lorsqu'on dit : *à peine* EUT-IL COMMENCÉ *qu'il s'interrompit, à peine* EUT-IL COMMENCÉ *qu'il* EUT FINI, *il eut fini, il eut commencé,* représentent l'action comme déjà accomplie avant une période accomplie elle-même, de là le nom de *passé* ou *prétérit antérieur.*

Enfin, lorsqu'on dit . *cet homme* AVAIT TRAVAILLÉ *quand vous êtes entré, avait travaillé* représente l'action comme passée lorsqu'une autre aussi passée a eu lieu, c'est ce qu'on appelle *plus-que-parfait.*

Voilà donc cinq formes de passé · *imparfait, passé défini, passé indéfini, passé antérieur* et *plus-que-parfait.*

137. Pour le futur, nous trouvons deux formes. Lorsqu'on dit : *cet homme* TRAVAILLERA, *travaillera* exprime que l'action

de travailler sera faite dans un temps à venir ; c'est le *futur simple*. Lorsqu'on dit : *cet homme* AURA TRAVAILLÉ *lorsque vous viendrez, aura travaillé* exprime que l'action de travailler, actuellement à venir, sera passée lorsqu'une autre action, aussi à venir, se fera : c'est ce qu'on appelle *futur antérieur*. Il n'y a que ces deux sortes de futurs.

138. Observons que le futur antérieur, de même que le passé indéfini, le passé antérieur et le plus-que-parfait, est formé de deux mots : le participe passé du verbe et un temps d'un autre verbe qui est le verbe *avoir*, appelé pour cela *verbe auxiliaire*. On a donné le nom de *temps composés* à tous ceux qui sont formés de cette manière. Les autres sont appelés *temps simples*.

DES MODES DU VERBE.

139. Dans l'étude que nous venons de faire des temps du verbe, nous avons supposé que l'action avait lieu positivement, sans aucune idée de condition ni de subordination. C'est ce qu'on appelle *le mode indicatif*. Mais l'action peut se présenter de diverses autres manières ou *modes*.

Si l'on dit : cet *homme* TRAVAILLERAIT, *si on le voulait ; cet homme* AURAIT TRAVAILLÉ, *si on l'avait voulu, travaillerait, aurait travaillé*, n'affirment l'action que sous une condition : de là le nom de *conditionnel* donné à ce mode. Le mode conditionnel n'a que deux temps, un présent et un passé.

Si l'on dit : TRAVAILLE, TRAVAILLONS, TRAVAILLEZ, l'action est affirmée comme commandée, conseillée, enjointe, c'est ce qu'on appelle *mode impératif*. Ce mode n'a qu'un temps, le présent, qui sert aussi pour exprimer l'idée du futur : *mon fils, obéis à ton père ; mon fils, quand tu seras à l'école, obéis à ton maître comme à moi-même*.

Lorsqu'on dit : *je demande, je désire, je veux* QU'IL TRAVAILLE, QU'IL AIT TRAVAILLÉ, *je demandais, je désirais, je voulais qu'il* TRAVAILLÂT, *qu'il* EÛT TRAVAILLÉ, ces formes : *qu'il travaille, qu'il ait travaillé, qu'il travaillât, qu'il eût travaillé*, n'affirment l'action que comme *soumise* à une autre action : *demander, désirer, vouloir*. C'est le *mode subjonctif*. Ce mode à quatre temps : le présent, l'imparfait, le passé et le plus-que-parfait.

Enfin, si l'on dit : *allez* TRAVAILLER, *je viens d'*AVOIR TRA-VAILLÉ, *travailler*, *avoir travaillé*, n'affirment l'action que d'une manière vague et générale, c'est le *mode infinitif*.

Tels sont les modes du verbe Ils sont au nombre de cinq : l'indicatif, le conditionnel, l'impératif, le subjonctif et l'infinitif.

140. Nous devons dire ici quelques mots du *participe*. Le participe tient à la fois du verbe et de l'adjectif. Il tient du verbe en ce qu'il marque un temps, il tient de l'adjectif en ce qu'il exprime l'idée d'une qualité. Il occupe une place spéciale parmi les parties du discours, mais il est en même temps une forme du verbe On distingue le participe *présent :* finissant, travaillant, et le participe passé : *fini, travaillé.* Nous avons vu plus haut quel rôle important remplit le participe passé dans la formation des temps composés.

DES PERSONNES ET DU NOMBRE DU VERBE.

141. Nous avons vu, en parlant du pronom personnel, ce que l'on doit entendre par les trois *personnes* du discours Or, l'état ou l'action qu'exprime le verbe peut s'affirmer de la personne même qui parle, de celle à qui l'on parle, ou enfin d'une autre personne. La même chose peut avoir lieu au pluriel Cette distinction des personnes du singulier et du pluriel donne lieu à des terminaisons particulières dans les différents temps et modes C'est là ce qu'on appelle les *personnes* et le *nombre* du verbe Le verbe est toujours du même nombre et de la même personne que son sujet.

DE LA CONJUGAISON.

142 Enoncer dans un ordre méthodique les variations qu'amènent dans la forme du verbe les temps, les modes et les personnes, s'appelle *conjuguer.*

143. Nous allons donner la conjugaison du verbe substan-

Quels sont-ils ? — Combien y en a-t-il ? — 140 Qu'est-ce que le *participe* ? — 141 Qu'entend-on par les *personnes* et le *nombre* du verbe ? — 142 Qu'est-ce que *conjuguer* ? — 143. Conjuguez le verbe auxiliaire *avoir.* — Quels sont les usages de ce verbe ? — Conjuguez le verbe substantif *être.*

tif *être*. Pour la faire mieux saisir, nous la ferons précéder d
celle de l'auxiliaire *avoir*, qui sert à former les temps composé
non-seulement dans les autres verbes, mais encore dans s
propre conjugaison.

VERBE AUXILIAIRE AVOIR

INDICATIF.
Présent.

J'ai.
Tu as.
Il *ou* elle a.
Nous avons.
Vous avez.
Ils *ou* elles ont.

Imparfait.

J'avais.
Tu avais.
Il *ou* elle avait.
Nous avions.
Vous aviez.
Ils *ou* elles avaient.

Passé défini.

J'eus.
Tu eus.
Il *ou* elle eut.
Nous eûmes.
Vous eûtes.
Ils *ou* elles eurent.

Passé indéfini.

J'ai eu.
Tu as eu.
Il *ou* elle a eu.
Nous avons eu.
Vous avez eu.
Ils *ou* elles ont eu.

Passé antérieur.

J'eus eu.
Tu eus eu.
Il *ou* elle eut eu.
Nous eûmes eu.
Vous eûtes eu.
Ils *ou* elles eurent eu.

Plus-que-parfait.

J'avais eu.
Tu avais eu.
Il *ou* elle avait eu.
Nous avions eu.
Vous aviez eu.
Ils *ou* elles avaient eu

Futur.

J'aurai.
Tu auras.
Il *ou* elle aura.
Nous aurons.
Vous aurez.
Ils *ou* elles auront.

Futur antérieur.

J'aurai eu.
Tu auras eu.
Il *ou* elle aura eu.
Nous aurons eu.
Vous aurez eu.
Ils *ou* elles auront eu.

CONDITIONNEL.
Présent.

J'aurais.
Tu aurais.
Il *ou* elle aurait.
Nous aurions.
Vous auriez.
Ils *ou* elles auraient.

Passé.

J'aurais eu.
Tu aurais eu.
Il *ou* elle aurait eu.
Nous aurions eu.
Vous auriez eu.
Ils *ou* elles auraient eu.

ON DIT AUSSI :

J'eusse eu, Tu eusses eu, Il ou elle eût eu, Nous eussions eu, Vous eussiez eu, Ils ou elles eussent eu.

IMPÉRATIF.

Présent ou futur.

Aie.
Ayons.
Ayez.

SUBJONCTIF.

Présent ou futur.

Que j'aie.
Que tu aies.
Qu'il *ou* qu'elle ait.
Que nous ayons.
Que vous ayez
Qu'ils *ou* qu'elles aient.

Imparfait.

Que j'eusse.
Que tu eusses.
Qu'il *ou* qu'elle eût.
Que nous eussions.
Que vous eussiez.
Qu'ils ou qu'elles eussent.

Passé.

Que j'aie eu.
Que tu aies eu.
Qu'il *ou* qu'elle ait eu.
Que nous ayons eu.
Que vous ayez eu.
Qu'ils *ou* qu'elles aient eu.

Plus-que-parfait.

Que j'eusse eu.
Que tu eusses eu.
Qu'il *ou* qu'elle eût eu.
Que nous eussions eu.
Que vous eussiez eu
Qu'ils *ou* qu'elles eussent eu.

INFINITIF.

Présent.

Avoir.

Passé.

Avoir eu.

Participe présent.

Ayant.

Participe passé.

Eu, ayant eu.

On sait que le verbe *avoir* n'est pas seulement employé comme verbe auxiliaire, mais qu'il a une signification propre où il s'emploie comme tout autre verbe attributif : *cet écrivain a un grand talent, j'avais une belle maison*, etc. Le verbe *avoir* appartient aux verbes irréguliers de la 3e conjugaison, dont nous parlerons plus loin.

VERBE SUBSTANTIF ÈTRE.

INDICATIF.

Présent.

Je suis.
Tu es.
Il *ou* elle est.
Nous sommes.
Vous êtes.
Ils *ou* elles sont.

Imparfait.

J'étais.
Tu étais.
Il *ou* elle était.
Nous étions.
Vous étiez.
Ils *ou* elles étaient.

Passé défini.

Je fus.
Tu fus
Il *ou* elle fut.
Nous fûmes.
Vous fûtes.
Ils *ou* elles furent.

Passé indéfini.

J'ai été.
Tu as été.
Il *ou* elle a été.
Nous avons été.
Vous avez été.
Ils *ou* elles ont été.

Passé antérieur.

J'eus été.
Tu eus été.
Il *ou* elle eut été.
Nous eûmes été.
Vous eûtes été.
Ils *ou* elles eurent été.

Plus-que-parfait.

J'avais été.
Tu avais été.
Il *ou* elle avait été.
Nous avions été
Vous aviez été.
Ils *ou* elles avaient été.

Futur.

Je serai.
Tu seras.
Il *ou* elle sera.
Nous serons.
Vous serez.
Ils *ou* elles seront.

Futur antérieur.

J'aurai été.
Tu auras été.
Il *ou* elle aura été.
Nous aurons été.
Vous aurez été.
Ils *ou* elles auront été.

CONDITIONNEL.

Présent.

Je serais.
Tu serais.
Il *ou* elle serait.
Nous serions.
Vous seriez.
Ils *ou* elles seraient.

Passé.

J'aurais été.
Tu aurais été.
Il *ou* elle aurait été.
Nous aurions été.
Vous auriez été.
Ils *ou* elles auraient été.

ON DIT AUSSI :

J'eusse été, Tu eusses été, Il ou elle eût été, Nous eussions été, Vous eussiez été, Ils ou elles eussent été.

IMPÉRATIF.

Présent ou futur

Sois.
Soyons.
Soyez.

SUBJONCTIF.

Présent ou futur.

Que je sois.
Que tu sois.
Qu'il *ou* qu'elle soit.
Que nous soyons.
Que vous soyez.
Qu'ils *ou* qu'elles soient.

Imparfait.

Que je fusse.
Que tu fusses.
Qu'il *ou* qu'elle fût.
Que nous fussions.
Que vous fussiez
Qu'ils *ou* qu'elles fussent.

Passé.

Que j'aie été.
Que tu aies été
Qu'il *ou* qu'elle ait été.
Que nous ayons été.
Que vous ayez été.
Qu'ils *ou* qu'elles aient été.

Plus-que-parfait.

Que j'eusse été.
Que tu eusses été.
Qu'il *ou* qu'elle eût été.
Que nous eussions été.
Que vous eussiez été.
Qu'ils *ou* qu'elles eussent été.

INFINITIF.

Présent.

Être.

Passé.

Avoir été.

Participe présent.

Étant.

Participe passé.

Été, ayant été.

Nous verrons plus loin que le verbe *être* est aussi employé comme auxiliaire dans certains genres de verbes.

CONJUGAISON DES VERBES ATTRIBUTIFS.

144. Les verbes attributifs, très nombreux, se classent en quatre catégories que l'on distingue particulièrement par le présent de leur infinitif, et dont chacune offre des caractères de conjugaison communs aux différents verbes qui y rentrent, c'est pourquoi on a appelé ces catégories *les quatre conjugai-*

sons : le présent de l'infinitif est terminé en *er* dans la première, en *ir* dans la deuxième, en *oir* dans la troisième, en *re* dans la quatrième. Exemples : *aimer, finir, recevoir, rendre.*

DU RADICAL ET DE LA TERMINAISON DANS LES VERBES.

145. Avant d'exposer le tableau de chaque conjugaison, il est utile de donner une idée de ce qu'on entend par *radical* et *terminaison.*

Toute forme régulière d'un verbe peut se décomposer en deux parties : l'une, toujours la même à tous les temps, à tous les modes, à toutes les personnes, l'autre variant aux divers temps, modes et personnes, qu'elle sert à caractériser. Cette dernière est la *terminaison;* la première s'appelle le *radical,* parce qu'elle est comme la *racine* du verbe, représentant dans chaque verbe le genre d'action ou d'état qu'il exprime. Ainsi, dans *aimer, j'aime, j'aimerai,* etc., nous retrouvons toujours invariablement *aim,* qui est le radical du verbe *aimer;* dans *changer, je change, je changerai,* etc., nous retrouvons toujours invariablement *chang,* qui est le radical du verbe *changer :* et, d'un autre côté, les variations dans la terminaison restent les mêmes pour tous les verbes de la même conjugaison.

146. Puisqu'il en est ainsi, on conçoit qu'il sera facile de conjuguer un verbe régulier quelconque lorsque l'on connaîtra, d'une part, son radical, d'autre part, les terminaisons propres à la conjugaison à laquelle il appartient.

147. Dans certains verbes, le radical et la terminaison se contractent tellement entre eux et subissent de telles altérations, qu'il devient difficile de les séparer par l'analyse, mais il suffit d'en avoir l'idée pour se rendre compte jusqu'à un certain point des irrégularités, et c'est là un grand avantage pour l'étude de la grammaire.

148. Dans les tableaux que nous allons donner des quatre conjugaisons des verbes réguliers, nous séparerons la terminaison du radical, afin qu'il soit facile de les distinguer.

149. Première conjugaison, en ER.

INDICATIF.

Présent.

J'aim e.
Tu aim es.
Il ou elle aim e.
Nous aim ons.
Vous aim ez.
Ils ou elles aim ent.

Imparfait.

J'aim ais
Tu aim ais.
Il aim ait.
Nous aim ions.
Vous aim iez.
Ils aim aient.

Passé défini.

J'aim ai.
Tu aim as.
Il aim a.
Nous aim âmes.
Vous aim âtes.
Ils aim èrent.

Passé indéfini.

J'ai aim é.
Tu as aim é.
Il a aim é.
Nous avons aim é.
Vous avez aim é.
Ils ont aim é.

Passé antérieur.

J'eus aim é.
Tu eus aim é.
Il eut aim é.
Nous eûmes aim é.
Vous eûtes aim é.
Ils eurent aim é.

Plus-que-parfait.

J'avais aim é.
Tu avais aim é.
Il avait aim é.
Nous avions aim é.
Vous aviez aim é.
Ils avaient aim é.

Futur.

J'aim erai.
Tu aim eras
Il aim era.
Nous aim erons.
Vous aim erez.
Ils aim eront.

Futur antérieur.

J'aurai aim é.
Tu auras aim é.
Il aura aim é.
Nous aurons aim é.
Vous aurez aim e.
Ils auront aim é.

CONDITIONNEL.

Présent.

J'aim erais.
Tu aim erais.
Il aim erait.
Nous aim erions.
Vous aim eriez.
Ils aim eraient.

Passé.

J'aurais aim é.
Tu aurais aim é.
Il aurait aim é.
Nous aurions aim é.
Vous auriez aim é.
Ils auraient aim é.

faciles à distinguer l'un de l'autre ? — 149. Conjuguez le verbe aimer;

ON DIT AUSSI :

J'eusse aimé. Tu eusses aimé
Il eût aimé Nous eussions aimé
Vous eussiez aimé. Ils eussent
aimé.

IMPÉRATIF.

Présent ou *futur.*

Aim *e*
Aim *ons.*
Aim *ez.*

SUBJONCTIF.

Présent ou *futur.*

Que j'aim *e.*
Que tu aim *es.*
Qu'il aim *e.*
Que nous aim *ions.*
Que vous aim *iez.*
Qu'ils aim *ent.*

Imparfait.

Que j'aim *asse.*
Que tu aim *asses.*
Qu'il aim *ât.*
Que nous aim *assions.*
Que vous aim *assiez.*
Qu'ils aim *assent.*

Passé.

Que j'aie aim *é.*
Que tu aies aim *é.*
Qu'il ait aim *é.*
Que nous ayons aim *é.*
Que vous ayez aim *é.*
Qu'ils aient aim *é.*

Plus-que-parfait.

Que j'eusse aim *é.*
Que tu eusses aim *é.*
Qu'il eût aim *é.*
Que nous eussions aim *é.*
Que vous eussiez aim *é.*
Qu'ils eussent aim *é.*

INFINITIF.

Présent.

Aim *er.*

Passé.

Avoir aim *é.*

Participe présent.

Aim *ant.*

Participe passé.

Aim *é,* aim *ée,* ayant aim *é.*

Conjuguez de même : *donn* ER, *port* ER, *travaill* ER, *trouv* ER, *cherch* ER. *train* ER, *habitu* ER, *cré* ER, *oubli* ER, etc. — Dans ces deux derniers verbes, et dans ceux qui leur ressemblent, il se présente une particularité assez remarquable. *Cré* ER, ayant un *e* à la fin du radical, présente naturellement deux *e* de suite partout où ce radical est suivi d'un *e* ; il en présente même trois au participe passé féminin : *créée.* *Oubli* ER, ayant un *i* à la fin du radical, présente deux *i*, là où ce radical doit être suivi d'un *i*, c'est-à-dire aux deux pre-

comme exemple de la première conjugaison. — Citez d'autres verbes qui se conjuguent de même. — Qu'y a-t-il à remarquer dans les verbes dont

mières personnes plurielles de l'imparfait de l'indicatif et du présent du subjonctif : *nous oubliions, vous oubliiez ; que nous oubliions, que vous oubliiez ;* ces formes sont tout à fait régulières, quelque bizarres qu'elles puissent paraître. La même remarque s'applique aux verbes dont le radical finit par *y* ces verbes présentent un *y* et un *i* de suite aux deux premières personnes du pluriel de l'imparfait de l'indicatif et du présent du subjonctif.

150 Remarques : 1° Dans les verbes dont le radical finit par *c*, comme *avancer, menacer, bercer*, le *c* prend une cédille partout où il doit être suivi de *a* ou de *o : nous avançons, j'avançai*, etc.

2° Dans ceux dont le radical finit par *g*, comme *manger, abréger, affliger*, on adoucit cette consonne devant les mêmes lettres à l'aide d'un *e* muet : *nous mangeons, je mangeai*, etc.

3° Dans les verbes dont le radical finit par *y*, comme *employer, ennuyer, payer*, on change l'*y* en *i* devant l'*e* muet : *j'emploie, j'emploierai*, etc. Le verbe *grasseyer* est excepté, à cause de sa signification même : *je grasseye, je grasseyerai*.

4° Si la consonne finale du radical est précédée d'un *é* fermé, cet *é* se change en *è* ouvert devant l'*e* muet de la terminaison : *céder, je cède, je cèderai ; répéter, je répète, je répéterai ; modérer, je modère, je modèrerai*, etc. Les verbes en *éger* font exception : *abréger, j'abrége, j'abrégerai, siéger, je siége, je siégerai*, etc.

Si la consonne finale du radical est précédée d'un *e* muet, il faut changer aussi cet *e* muet en *è* ouvert : *mener, je mène, je mènerai ; lever, je lève, je lèverai*. Seulement, dans les verbes en *eler* et *eter*, le même effet s'obtient par le redoublement du *t* ou de l'*l : cacheter, je cachette, je cachetterai ; appeler, j'appelle, j'appellerai*. L'Académie remplace le redoublement de la consonne par l'accent grave dans les verbes *acheter, becqueter, bourreler, geler, harceler, peler : j'achète, j'achèterai ; je gèle, je gèlerai*, etc. : cette exception ne semble guère justifiable.

---

le radical est en *é*, en *i*, et en *y* ? — 150 Quelle altération subit le radical dans les cas où il finit par *c*, par *g*, par *y*, par une consonne précédée

151. DEUXIÈME CONJUGAISON, EN IR.

INDICATIF.

Présent.

Je fin *is.*
Tu fin *is.*
Il *ou* elle fin *it.*
Nous fin *issons.*
Vous fin *issez.*
Ils *ou* elles fin *issent.*

Imparfait.

Je fin *issais*
Tu fin *issais.*
Il fin *issait.*
Nous fin *issions*
Vous fin *issiez.*
Ils fin *issaient.*

Passé défini.

Je fin *is.*
Tu fin *is.*
Il fin *it.*
Nous fin *îmes.*
Vous fin *îtes.*
Ils fin *irent.*

Passé indéfini.

J'ai fin *i.*
Tu as fin *i.*
Il a fin *i.*
Nous avons fin *i.*
Vous avez fin *i.*
Ils ont fin *i.*

Passé antérieur.

J'eus fin *i.*
Tu eus fin *i.*
Il eut fin *i.*
Nous eûmes fin *i.*
Vous eûtes fin *i.*
Ils eurent fin *i*

Plus-que-parfait.

J'avais fin *i.*
Tu avais fin *i.*
Il avait fin *i.*
Nous avions fin *i.*
Vous aviez fin *i.*
Ils avaient fin *i.*

Futur.

Je fini *rai.*
Tu fin *iras.*
Il fin *ira*
Nous fin *irons.*
Vous fin *irez*
Ils fin *iront.*

Futur antérieur.

J'aurai fin *i.*
Tu auras fin *i.*
Il aura fin *i.*
Nous aurons fin *i.*
Vous aurez fin *i.*
Ils auront fin *i.*

CONDITIONNEL.

Présent.

Je fin *irais.*
Tu fin *irais.*
Il fin *irait.*
Nous fin *irions*
Vous fin *iriez.*
Ils fin *iraient.*

Passé.

J'aurais fin *i.*
Tu aurais fin *i.*
Il aurait fin *i.*
Nous aurions fin *i.*
Vous auriez fin *i.*
Ils auraient fin *i.*

---

d'un e ferme ou d'un e muet ? — 151. Conjuguez le verbe *finir*, comme exemple de la deuxième conjugaison. — Citez d'autres verbes qui se

ON DIT AUSSI :

J'eusse fini. Tu eusses fini. Il eût fini. Nous eussions fini. Vous eussiez fini. Ils eussent fini.

IMPÉRATIF.

Présent ou *futur.*

Fin *is.*
Fin *issons.*
Fin *issez.*

SUBJONCTIF.

Présent ou *futur.*

Que je fin *isse.*
Que tu fin *isses.*
Qu'il fin *isse.*
Que nous fin *issions.*
Que vous fin *issiez.*
Qu'ils fin *issent.*

Imparfait.

Que je fin *isse.*
Que tu fin *isses.*
Qu'il fin *it.*
Que nous fin *issions.*
Que vous fin *issiez.*
Qu'ils fin *issent.*

Passé.

Que j'aie fin *i.*
Que tu aies fin *i.*
Qu'il ait fin *i.*
Que nous ayons fin *i.*
Que vous ayez fin *i.*
Qu'ils aient fin *i.*

Plus-que-parfait.

Que j'eusse fin *i.*
Que tu eusses fin *i.*
Qu'il eût fin *i.*
Que nous eussions fin *i.*
Que vous eussiez fin *i.*
Qu'ils eussent fin *i.*

INFINITIF.

Présent.

Fin *ir.*

Passé.

Avoir fin *i.*

Participe présent.

Fin *issant.*

Participe passé.

Fin *i*, fin *ie*, ayant fin *i.*

Conjuguez de même : *avert* IR, *adouc* IR, *rempl* IR, *un* IR, *bann* IR, *embell* IR, etc.

152. Remarques : 1° Le verbe *bénir* a deux participes passés : *béni, bénie,* et *bénit, bénite.* Ce dernier ne s'emploie que lorsqu'il s'agit des objets consacrés par une cérémonie religieuse : *du pain bénit, une chandelle bénite,* etc. ; l'autre s'emploie dans toutes les autres acceptions du verbe : *la charité est bénie par les malheureux; — soyez bénis, vous qui faites le bien!*

2° Le verbe *hair* prend le tréma dans tous ses temps, excepté aux trois premières personnes du présent de l'indicatif : *je hais, tu hais, il hait.* Ce tréma remplace l'accent

---

circonflexe aux deux premières personnes du pluriel du passé défini : *nous haîmes*, *vous haîtes*, et à la troisième personne du singulier de l'imparfait du subjonctif : *qu'il haît*.

3° Le verbe *fleurir*, employé au figuré pour exprimer un état prospère, fait au participe présent *florissant*, et à l'imparfait de l'indicatif *florissait : cet empire est florissant, les sciences florissaient à cette époque.*

153. TROISIÈME CONJUGAISON, EN OIR.

INDICATIF.

Présent.

Je reç ois.
Tu reç ois.
Il *ou* elle reç oit.
Nous rec evons.
Vous rec evez.
Ils *ou* elles reç oivent.

Imparfait.

Je rec evais.
Tu rec evais.
Il rec evait.
Nous rec evions.
Vous rec eviez.
Ils rec evaient.

Passé défini.

Je reç us.
Tu reç us.
Il reç ut.
Nous reç ûmes.
Vous reç ûtes.
Ils reç urent.

Passé indéfini.

J'ai reç u.
Tu as reç u.
Il a reç u.
Nous avons reç u.
Vous avez reç u.
Ils ont reç u.

Passé antérieur.

J'eus reç u.
Tu eus reç u.
Il eut reç u.
Nous eûmes reç u.
Vous eûtes reç u.
Ils eurent reç u.

Plus-que-parfait.

J'avais reç u.
Tu avais reç u.
Il avait reç u.
Nous avions reç u.
Vous aviez reç u.
Ils avaient reç u.

Futur.

Je rec evrai.
Tu rec evras.
Il rec evra.
Nous rec evrons.
Vous rec evrez.
Ils rec evront.

Futur antérieur.

J'aurai reç u.
Tu auras reç u.
Il aura reç u.
Nous aurons reç u.
Vous aurez reç u.
Ils auront reç u.

fleurir ? — 153. Conjuguez le verbe de la troisième conjugaison *recevoir.*

CONDITIONNEL.

Présent.

Je rec *evrais*
Tu rec *evrais.*
Il rec *evrait.*
Nous rec *evrions.*
Vous rec *evriez.*
Ils rec *evraient.*

Passé.

J'aurais reç *u.*
Tu aurais reç *u.*
Il aurait reç *u.*
Nous aurions reç *u.*
Vous auriez reç *u.*
Ils auraient reç *u.*

ON DIT AUSSI ·

*J'eusse reçu. Tu eusses reçu
Il eût reçu Nous eussions reçu.
Vous eussiez reçu. Ils eussent
reçu.*

IMPÉRATIF.

Présent ou *futur.*

Reç *ois.*
Rec *evons.*
Rec *evez.*

SUBJONCTIF.

Présent ou *futur.*

Que je reç *oive.*
Que tu reç *oives.*
Qu'il reç *oive.*
Que nous rec *evions.*
Que vous rec *eviez.*
Qu'ils reç *oivent.*

Imparfait.

Que je reç *usse.*
Que tu reç *usses.*
Qu'il reç *ût.*
Que nous reç *ussions.*
Que vous reç *ussiez.*
Qu'ils reç *ussent.*

Passé.

Que j'aie reç *u.*
Que tu aies reç *u.*
Qu'il ait reç *u.*
Que nous ayons reç *u.*
Que vous ayez reç *u.*
Qu'ils aient reç *u.*

Plus-que-parfait.

Que j'eusse reç *u*
Que tu eusses reç *u.*
Qu'il eût reç *u.*
Que nous eussions reç *u.*
Que vous eussiez reç *u.*
Qu'ils eussent reç *u.*

INFINITIF.

Présent.

Rec *evoir.*

Passé.

Avoir reç *u.*

Participe présent.

Rec *evant.*

Participe passé.

Reç *u,* reç *ue,* ayant reç *u.*

154. Les verbes en *evoir* : apercevoir, percevoir, concevoir, devoir, redevoir, sont les seuls qui se conjuguent régulièrement sur ce modèle. Tous les autres sont irréguliers ; nous en parlerons plus loin. *Devoir* et *redevoir* prennent l'accent circonflexe sur l'*u* du participe passé masculin : *dû, redû* Mais au pluriel, l'accent disparaît, n'ayant d'autre emploi que de distinguer ce participe de l'article composé *du.*

— 154. Qu'y a-t-il à remarquer pour les verbes de la troisième conju-

155. Quatrième conjugaison, en RE.

INDICATIF.

Présent.

Je rend *s*.
Tu rend *s*
Il *ou* elle rend.
Nous rend *ons*.
Vous rend *ez*.
Ils *ou* elles rend *ent*.

Imparfait.

Je rend *ais*.
Tu rend *ais*.
Il rend *ait*.
Nous rend *ions*.
Vous rend *iez*.
Ils rend *aient*.

Passé défini.

Je rend *is*.
Tu rend *is*.
Il rend *it*
Nous rend *îmes*.
Vous rend *îtes*.
Ils rend *irent*.

Passé indéfini.

J'ai rend *u*.
Tu as rend *u*.
Il a rend *u*.
Nous avons rend *u*.
Vous avez rend *u*.
Ils ont rend *u*.

Passé antérieur.

J'eus rend *u*
Tu eus rend *u*.
Il eut rend *u*.
Nous eûmes rend *u*.
Vous eûtes rend *u*.
Ils eurent rend *u*.

Plus-que-parfait.

J'avais rend *u*.
Tu avais rend *u*.
Il avait rend *u*.
Nous avions rend *u*.
Vous aviez rend *u*.
Ils avaient rend *u*.

Futur.

Je rend *rai*.
Tu rend *ras*.
Il rend *ra*.
Nous rend *rons*.
Vous rend *rez*.
Il rend *ront*.

Futur antérieur.

J'aurai rend *u*.
Tu auras rend *u*.
Il aura rend *u*.
Nous aurons rend *u*.
Vous aurez rend *u*.
Ils auront rend *u*.

CONDITIONNEL.

Présent.

Je rend *rais*.
Tu rend *rais*.
Il rend *rait*.
Nous rend *rions*.
Vous rend *riez*.
Ils rend *raient*.

Passé.

J'aurais rend *u*.
Tu aurais rend *u*.
Il aurait rend *u*.
Nous aurions rend *u*.
Vous auriez rend *u*.
Ils auraient rend *u*.

---

gaison ? — 155. Conjuguez le verbe de la quatrième conjugaison *rendre*.
—Citez quelques verbes qui se conjuguent de même. — 156. Quels ver-

ON DIT AUSSI :

J'eusse rendu. Tu eusses ren-
du. Il eût rendu. Nous eussions
rendu. Vous eussiez rendu. Ils
eussent rendu.

IMPÉRATIF.

Présent ou futur.

Rend *s.*
Rend *ons.*
Rend *ez.*

SUBJONCTIF.

Présent ou futur.

Que je rend *e.*
Que tu rend *es.*
Qu'il rend *e.*
Que nous rend *ions.*
Que vous rend *iez.*
Qu'ils rend *ent.*

Imparfait.

Que je rend *isse.*
Que tu rend *isses.*
Qu'il rend *it.*
Que nous rend *issions.*
Que vous rend *issiez.*
Qu'ils rend *issent.*

Passé.

Que j'aie rend *u.*
Que tu aies rend *u.*
Qu'il ait rend *u.*
Que nous ayons rend *u.*
Que vous ayez rend *u.*
Qu'ils aient rend *u.*

Plus-que-parfait.

Que j'eusse rend *u.*
Que tu eusses rend *u.*
Qu'il eût rend *u.*
Que nous eussions rend *u.*
Que vous eussiez rend *u.*
Qu'ils eussent rend *u.*

INFINITIF.

Présent.

Rend *re.*

Passé.

Avoir rend *u.*

Participe présent.

Rend *ant.*

Participe passé.

Rend *u,* rend *ue,* ayant rend *u.*

Conjuguez de même : *attend* RE, *défend* RE, *étend* RE, *en-*
tend RE, *répand* RE, *suspend* RE, *répond* RE, *tord* RE, *mord* RE,
tond RE, etc.

156. *Remarque.* Les verbes de cette conjugaison terminés à
l'infinitif par *endre* ou par *soudre* remplacent, aux trois personnes du singulier du présent de l'indicatif, *ds* et *d* par *s* et
t : *je joins, tu joins, il joinT, j'absous, tu absous, il absouT.*

157. CONJUGAISON INTERROGATIVE DES VERBES. — Il sera utile
de répéter la conjugaison des verbes en leur donnant la forme
interrogative, ce qu'on fait en plaçant après le verbe le pronom qui était devant, et rattachant ce pronom au verbe par

un trait d'union : *aimes-tu, finis-tu*, etc. Cette forme ne peut s'employer que dans les temps de l'indicatif et du conditionnel : on conçoit, en effet, qu'elle n'aurait point de sens à l'impératif, au subjonctif ou à l'infinitif.

158. Voici les règles à observer dans la forme interrogative des verbes :

L'*e* muet de la terminaison se change en *é* fermé devant le pronom *je : j'aime, j'eusse*, deviennent, interrogativement, *aimé-je, eussé-je*.

Partout où le verbe finit par une voyelle, on emploie devant les pronoms *il, elle, on*, la lettre *t* placée entre deux traits d'union : *arriva-t-il, avance-t-elle, mange-t-on*. L'emploi de cette lettre a pour but d'empêcher l'effet désagréable qui se produirait, si l'on disait : *arriva-il, avance-elle, mange-on ;* c'est pourquoi on l'appelle *euphonique*, d'un mot grec signifiant *bonne consonnance*.

Les verbes qui n'ont qu'une syllabe à la première personne du présent de l'indicatif ne peuvent prendre à cette personne la forme interrogative, qui serait trop désagréable à l'oreille. Ainsi, on ne dit pas · *rends-je? dors-je? bois-je?* Il faut absolument s'exprimer d'une autre manière, et dire : *est-ce que je rends? est-ce que je dors? est-ce que je bois?* Cependant on admet : *fais-je, dis-je, dois-je, vois-je, ai-je, suis-je, vais-je.*

159. Verbes conjugués interrogativement.

INDICATIF.

PRÉSENT.

Aimé-je ?	Finis-je ?	Reçois-je ?	
Aimes-tu ?	Finis-tu ?	Reçois-tu ?	Rends-tu ?
Aime-t-il ?	Finit-il ?	Reçoit-il ?	Rend-il ?
Aimons-nous ?	Finissons-nous ?	Recevons-nous ?	Rendons-nous ?
Aimez-vous ?	Finissez-vous ?	Recevez-vous ?	Rendez-vous ?
Aiment-ils ?	Finissent-ils ?	Reçoivent-ils ?	Rendent-ils ?

IMPARFAIT.

Aimais-je ?	Finissais-je ?	Recevais-je ?	Rendais-je ?
Aimais-tu ?	Finissais-tu ?	Recevais-tu ?	Rendais-tu ?
Aimait-il ?	Finissait-il ?	Recevait-il ?	Rendait-il ?
Aimions-nous ?	Finissions-nous ?	Recevions-nous ?	Rendions-nous ?
Aimiez-vous ?	Finissiez-vous ?	Receviez-vous ?	Rendiez-vous ?
Aimaient-ils ?	Finissaient-ils ?	Recevaient-ils ?	Rendaient-ils ?

PASSÉ DÉFINI.

Aimai-je ?	Finis-je ?	Reçus-je ?	Rendis-je ?
Aimas-tu ?	Finis-tu ?	Reçus-tu ?	Rendis-tu ?
Aima-t-il ?	Finit-il ?	Reçut-il ?	Rendit-il ?
Aimâmes-nous ?	Finîmes-nous ?	Reçûmes-nous ?	Rendîmes-nous ?
Aimâtes-vous ?	Finîtes-vous ?	Reçûtes-vous ?	Rendîtes-vous ?
Aimèrent-ils ?	Finirent-ils ?	Reçurent-ils ?	Rendirent-ils ?

PASSÉ INDÉFINI.

Ai-je aimé ?	Ai-je fini ?	Ai-je reçu ?	Ai-je rendu ?
As-tu aimé ?	As-tu fini ?	As-tu reçu ?	As-tu rendu ?
A-t-il aimé ?	A-t-il fini ?	A-t-il reçu ?	A-t-il rendu ?
Avons-nous aimé?	Avons-nous fini ?	Avons-nous reçu?	Avons-nous rendu ?
Avez-vous aimé ?	Avez-vous fini ?	Avez-vous reçu?	Avez-vous rendu?
Ont-ils aimé ?	Ont-ils fini ?	Ont-ils reçu ?	Ont-ils rendu ?

PLUS-QUE-PARFAIT.

Avais-je aimé ?	Avais-je fini ?	Avais-je reçu ?	Avais-je rendu ?
Avais-tu aimé ?	Avais-tu fini ?	Avais-tu reçu ?	Avais tu rendu ?
Avait-il aimé ?	Avait-il fini ?	Avait-il reçu ?	Avait-il rendu ?
Avions-nous aimé ?	Avions-nous fini ?	Avions-nous reçu ?	Avions-nous rendu ?
Aviez-vous aimé?	Aviez-vous fini ?	Aviez vous reçu?	Aviez-vous rendu?
Avaient-ils aimé?	Avaient-ils fini ?	Avaient-ils reçu?	Avaient-ils rendu ?

FUTUR

Aimerai-je ?	Finirai-je ?	Recevrai-je ?	Rendrai-je ?
Aimeras-tu ?	Finiras-tu ?	Recevras-tu?	Rendras-tu ?
Aimera-t-il ?	Finira-t-il ?	Recevra-t-il ?	Rendra-t-il ?
Aimerons-nous ?	Finirons-nous ?	Recevrons-nous?	Rendrons-nous?
Aimerez-vous ?	Finirez-vous ?	Recevrez-vous ?	Rendrez-vous?
Aimeront-ils ?	Finiront-ils ?	Recevront-ils ?	Rendront-ils ?

FUTUR ANTÉRIEUR.

Aurai-je aimé ?	Aurai-je fini ?	Aurai-je reçu ?	Aurai-je rendu?
Auras-tu aimé ?	Auras-tu fini ?	Auras-tu reçu ?	Auras-tu rendu ?
Aura-t-il aimé ?	Aura-t-il fini ?	Aura-t-il reçu ?	Aura-t-il rendu ?
Aurons-nous aimé ?	Aurons-nous fini?	Aurons-nous reçu ?	Aurons nous rendu?
Aurez-vous aimé?	Aurez-vous fini?	Aurez vous reçu ?	Aurez-vous rendu ?
Auront-ils aimé ?	Auront-ils fini ?	Auront-ils reçu?	Auront-ils rendu?

CONDITIONNEL.

PRÉSENT.

Aimerais-je ?	Finirais-je ?	Recevrais-je ?	Rendrais-je ?
Aimerais-tu ?	Finirais-tu ?	Recevrais-tu ?	Rendrais-tu ?
Aimerait-il ?	Finirait-il ?	Recevrait-il ?	Rendrait-il ?
Aimerions-nous ?	Finirions-nous ?	Recevrions-nous ?	Rendrions-nous ?
Aimeriez-vous ?	Finiriez-vous ?	Recevriez-vous ?	Rendriez-vous?
Aimeraient-ils ?	Finiraient-ils ?	Recevraient-ils ?	Rendraient-ils ?

PASSÉ.

Aurais-je aimé ?	Aurais-je fini ?	Aurais-je reçu ?	Aurais-je rendu ?
Aurais-tu aimé ?	Aurais-tu fini ?	Aurais-tu reçu ?	Aurais-tu rendu ?
Aurait-il aimé ?	Aurait-il fini ?	Aurait-il reçu ?	Aurait-il rendu ?
Aurions-nous aimé?	Aurions-nous fini ?	Aurions-nous reçu?	Aurions-nous rendu ?
Auriez-vous aimé ?	Auriez-vous fini ?	Auriez-vous reçu ?	Auriez-vous rendu ?
Auraient-ils aimé?	Auraient-ils fini ?	Auraient-ils reçu ?	Auraient-ils rendu ?

On dit aussi :

Eussé-je aimé ?	Eussé-je fini ?	Eussé-je reçu ?	Eussé-je rendu ?
Eusses-tu aimé ?	Eusses-tu fini ?	Eusses-tu reçu ?	Eusses-tu rendu ?
Eût-il aimé ?	Eût-il fini ?	Eût-il reçu ?	Eût-il rendu ?
Eussions-nous aimé?	Eussions-nous fini?	Eussions-nous reçu ?	Eussions-nous rendu ?
Eussiez-vous aimé ?	Eussiez-vous fini ?	Eussiez-vous reçu ?	Eussiez-vous rendu ?
Eussent-ils aimé ?	Eussent-ils fini ?	Eussent-ils reçu?	Eussent-ils rendu ?

DE LA FORMATION DES TEMPS.

160. Toutes les conjugaisons étant parcourues, il est à propos de poser quelques règles pour la formation des temps, afin d'aider l'esprit à retrouver les formes si variées de chaque conjugaison.

161. On a observé que certains temps du verbe offrent comme des formes fondamentales d'où les autres paraissent dériver. Ces temps ont été appelés *temps primitifs.*

Les temps primitifs sont : le *présent de l'infinitif*, le *participe présent*, le *participe passé*, le *présent de l'indicatif* et le *passé défini.* Ils sont donc au nombre de *cinq.*

162. Les autres temps ont été appelés *temps dérivés.*

163. Nous prendrons les temps primitifs l'un après l'autre, et nous indiquerons quels sont les temps dérivés qui se forment de chacun d'eux, en faisant connaître les exceptions aux règles générales.

I

Du présent de l'infinitif, on forme :

1° Le futur, en changeant *r* ou *re* en *rai : aimer, j'aimerai; finir, je finirai, pourvoir, je pourvoirai ; rendre, je rendrai.*

Exceptions :

PREMIÈRE CONJUGAISON. Il n'y a que deux exceptions : *aller,* *j'irai ; envoyer, j'enverrai.* Nous rappellerons ici que les verbes en *yer,* changent *y* en *i* devant l'e muet, sauf *grasseyer ;* de sorte qu'ils font au futur : *employer, j'emploierai ; essuyer, j'essuierai,* etc.

DEUXIÈME CONJUGAISON. *Tenir, je tiendrai; venir, je viendrai; courir, je courrai; faillir, je faudrai; cueillir, je cueillerai; mourir, je mourrai; acquérir, j'acquerrai.*

TROISIÈME CONJUGAISON. Il n'y a guère que *pourvoir* et *prévoir,* parmi les verbes de cette conjugaison, qui fassent leur futur conformément à la règle générale. Les verbes en *evoir* changent *oir* en *rai* : RECEVOIR, *je* RECEVRAI; DEVOIR, *je* DEVRAI, etc, par contraction pour *recevoirai, devoirai;* etc. Quant aux autres, ils ont pour ainsi dire chacun une manière particulière de former le futur : *avoir, j'aurai; échoir, j'écherrai; déchoir, je décherrai; pouvoir, je pourrai; s'asseoir, je m'asseierai* ou *je m'assiérai; savoir, je saurai; voir, je verrai; vouloir, je voudrai; valoir, je vaudrai; falloir, il faudra; pleuvoir, il pleuvra.*

QUATRIÈME CONJUGAISON. Il n'y a que deux exceptions : *faire, je ferai; être, je serai.*

2° Il suffit d'ajouter une *s* au futur pour avoir le conditionnel, dans les quatre conjugaisons. Il n'y pas d'exceptions à cette règle. *j'aimerai, j'aimerais; je serai, je serais; je saurai, je saurais,* etc.

II.

Du participe présent, on forme :

1° L'imparfait de l'indicatif, en changeant *ant* en *ais* : *aimANT, j'aimais; finissANT, je finissais; recevANT, je recevais; rendANT, je rendais.*

Il n'y a que deux exceptions : *ayant, j'avais; sachant, je savais.*

2° Les trois personnes plurielles du présent de l'indicatif, en changeant *ant* en *ons, ez, ent* : *aimANT, nous aimONS, vous aimEZ, ils aimENT; finissANT, nous finissONS, vous finissEZ, ils*

comment ? — Quelles sont, dans les quatre conjugaisons, les exceptions à la règle générale de la formation du futur ? — Quels temps se forment du participe présent, et comment ? — Quelles sont les exceptions aux règles de la formation de l'imparfait de l'indicatif ? — des trois personnes

*finiss*ENT *; val*ANT*, nous val*ONS*, vous val*EZ*, ils val*ENT *; ren-* dANT*, nous rend*ONS*, vous rend*EZ*, ils rend*ENT.

Exceptions

Pour la première personne · *étant, nous sommes ; ayant, nous avons ; sachant, nous savons.*

Pour la deuxième personne: *ayant, vous avez ; étant, vous êtes ; faisant, vous faites ; disant, vous dites ; redisant, vous redites.*

Pour la troisième personne , les exceptions sont beaucoup plus nombreuses, ainsi nous trouvons :

Dans la première conjugaison : *allant, ils vont.*

Dans la deuxième conjugaison: *acquérant, ils acquièrent; mourant, ils meurent; tenant, ils tiennent; venant, ils viennent.*

Dans la troisième conjugaison : *mouvant, ils meuvent; pouvant, ils peuvent ; sachant, ils savent; ayant, ils ont; voulant, ils veulent ;* — les verbes en *evoir,* qui perdent *oi* au participe présent, le reprennent à cette personne : *recevant, ils reçoivent; devant, ils doivent,* etc.

Dans la quatrième conjugaison : *buvant, ils boivent ; étant, ils sont; faisant, ils font; prenant, ils prennent.*

Observons, de plus, que, dans les quatre conjugaisons, les verbes dont le participe présent est en *yant* changent l'*y* en *i* devant l'*e* muet de cette personne, comme devant tout *e* muet, sauf le verbe *grasseyer : envoyant, ils envoient; fuyant , ils fuient; voyant , ils voient; croyant, ils croient,* etc.

3° On forme encore du participe présent le présent du subjonctif , en changeant *ant* en *e* muet : *aim*ANT*, que j'aim*E*; finiss*ANT*, que je finiss*E *; sach*ANT*, que je sach*E*; rend*ANT*, que je rend*E.

Exceptions :

PREMIÈRE CONJUGAISON. *Allant, que j'aille.* Observons, de plus, que, dans les verbes dont le participe présent est en *çant* ou en *geant,* la cédille ou l'*e* muet, qui ne servent qu'à adoucir le *c* ou le *g,* disparaissent nécessairement devant l'*e* muet de la terminaison · *avançant, que j'avance; mangeant, que je mange.*

DEUXIÈME CONJUGAISON. *Tenant, que je tienne; venant, que je vienne ; acquérant, que j'acquière; mourant, que je meure.*

TROISIÈME CONJUGAISON. *Pouvant, que je puisse; valant, que je vaille; voulant, que je veuille; fallant* (inusité), *qu'il faille; échéant, qu'il échoie.*

QUATRIÈME CONJUGAISON. *Buvant, que je boive; faisant, que je fasse; étant, que je sois ; prenant, que je prenne.*

Observons ici, pour les quatre conjugaisons, que tous les verbes dont le participe présent est en *yant* changent l'*y* en *i* devant l'*e* muet, à l'exception de *grasseyer*, qui conserve l'*y*. *Envoyant* fera donc, au présent du subjonctif, *que j'envoie* ; *fuyant, que je fuie; voyant, que je voie; croyant, que je croie.*

REMARQUE. Les deux premières personnes plurielles du présent du subjonctif sont partout semblables aux deux mêmes personnes de l'imparfait de l'indicatif : *nous aimions , vous aimiez, que nous aimions, que vous aimiez; nous allions, vous alliez, que nous allions, que vous alliez ; nous valions, vous valiez, que nous valions, que vous valiez*, etc. Il n'y a d'exception que pour : *étions, étiez, que nous soyons, que vous soyez; pouvions, pouviez, que nous puissions, que vous puissiez; avions, aviez, que nous ayons, que vous ayez ; savions, saviez, que nous sachions, que vous sachiez.*

III.

Du participe passé, on forme tous les temps composés, en le faisant précéder de divers temps du verbe auxiliaire : *j'ai aimé, j'eus fini, j'avais reçu, j'aurai rendu*, etc.

IV.

Du présent de l'indicatif, on forme l'impératif, en retranchant le pronom aux trois personnes employées à ce mode, savoir la deuxième personne du singulier et les deux premières du pluriel : *tu finis, nous finissons, vous finissez, finis, finissons, finissez ; tu reçois, nous recevons, vous recevez,*

Quelles sont les exceptions à la règle générale ? — Quelle remarque y a-t-il à faire sur l'impératif *va*, et sur l'emploi de *en* et de *y* après certains impératifs ? — Quel temps forme-t-on du *passé défini*, et comment ? —

reçois, recevons, recevez ; tu rends, nous rendons, vous rendez, rends, rendons, rendez. Dans les verbes de la première conjugaison, et dans ceux de la deuxième qui ont un *e* muet au présent de l'indicatif, on retranche l's de la deuxième personne pour former l'impératif · *tu aimes, aime ; tu cueilles, cueille ; tu ouvres, ouvre,* etc.

Quatre verbes ne suivent pas les règles ci-dessus : ce sont les verbes *être, avoir, savoir* et *aller : tu es, nous sommes, vous êtes, sois, soyons, soyez, tu as, nous avons, vous avez, aie, ayons, ayez ; tu sais, nous savons, vous savez, sache, sachons, sachez ; tu vas, va :* ce dernier verbe fait régulièrement les personnes du pluriel . *allons, allez.*

Il y a une remarque particulière à faire sur l'impératif *va* · il prend l's quand il est suivi de *y: vas-y.* Cependant si l'adverbe *y* est suivi d'un verbe, *va* ne prend plus d's *: va y attendre mes ordres.*

A l'impératif du verbe *s'en aller,* on écrit : *va-t'en.* Ce *t'* ne doit pas être confondu avec le *t* qu'on emploie dans la forme interrogative *va-t-il :* celui-ci est purement euphonique, tandis que le *t'* est le pronom *toi* de la deuxième personne élidé , en effet, on dit au pluriel . *allez-vous-en.*

, Dans tous les verbes dont la première personne du présent de l'indicatif est en *e* muet, la deuxième personne du singulier de l'impératif prend un *s* devant *en* et *y* , employés comme pronoms ou comme adverbes : *cette maison est fermée, ouvres-en la porte; — si tu vas à la campagne, apportes-en des fleurs, portes-y des livres,* etc.

V.

Du passé défini , on forme l'imparfait du subjonctif, en changeant *ai* en *asse* dans la première conjugaison : *j'aimai, que j'aimasse,* et en ajoutant simplement *se* dans les autres : *je finis, que je finisse ; je reçus, que je reçusse ; je rendis, que je rendisse.* Il n'y a pas d'exceptions

164 Le tableau suivant présente les temps primitifs des verbes irréguliers. La majeure partie de ces verbes n'ont d'irréguliers que ces temps primitifs mêmes, et ceux-ci, une

---

164. Donnez les temps primitifs des verbes irréguliers des quatre conju-

fois connus, donnent la clef des temps dérivés, qui se forment en général régulièrement d'après eux. Nous donnerons, à la suite du tableau, quelques détails particuliers sur les plus irréguliers, qui méritent de fixer l'attention d'une manière toute spéciale. On verra que le plus grand nombre appartiennent à la troisième conjugaison, que nous avons, en effet, trouvée en première ligne dans les exceptions aux règles de la formation des temps.

TEMPS PRIMITIFS DES VERBES IRRÉGULIERS.

INFINITIF PRÉSENT.	PARTICIPE PRÉSENT.	PARTICIPE PASSÉ	INDICATIF PRÉSENT.	PASSÉ DÉFINI.
PREMIÈRE CONJUGAISON.				
Aller.	Allant.	Allé	Je vais.	J'allai.
Envoyer.	Envoyant.	Envoyé.	J'envoie.	J'envoyai.
DEUXIÈME CONJUGAISON.				
Acquérir.	Acquérant.	Acquis.	J'acquiers.	J'acquis.
Bouillir.	Bouillant.	Bouilli.	Je bous.	Je bouillis.
Courir.	Courant.	Couru.	Je cours.	Je courus.
Cueillir.	Cueillant	Cueilli.	Je cueille.	Je cueillis.
Dormir.	Dormant.	Dormi.	Je dois.	Je dormis.
Faillir.	Faillant.	Failli.	Je faux.	Je faillis.
Fuir.	Fuyant.	Fui.	Je fuis.	Je fuis.
	Gisant.		Il gît	
Mentir.	Mentant.	Menti.	Je mens.	Je mentis.
Mourir.	Mourant	Mort.	Je meurs.	Je mourus.
Offrir.	Offrant.	Offert	J'offre.	J'offris.
Ouvrir.	Ouvrant.	Ouvert.	J'ouvre.	J'ouvris.
Ouï		Ouï		
Partir.	Partant.	Parti.	Je pars.	Je partis.
Sentir.	Sentant.	Senti.	Je sens.	Je sentis.
Sortir.	Sortant.	Sorti.	Je sors.	Je sortis.
Tenir	Tenant.	Tenu.	Je tiens	Je tins.
Tressaillir.	Tressaillant.	Tressailli	Je tressaille.	Je tressaillis.
Venir.	Venant.	Venu.	Je viens.	Je vins.
Vêtir.	Vêtant.	Vêtu.	Je vêts.	Je vêtis.
TROISIÈME CONJUGAISON.				
Choir		Chu.		
Déchoir.		Déchu.	Je déchois.	Je déchus.
Échoir.	Échéant.	Échu.	Il échoit.	J'échus.
Falloir.		Fallu.	Il faut	Il fallut.
Mouvoir.	Mouvant.	Mû.	Je meus.	Je mus.
Pleuvoir	Pleuvant.	Plu	Il pleut	Il plut.
Pourvoir.	Pourvoyant	Pourvu.	Je pourvois.	Je pourvus.
Pouvoir.	Pouvant.	Pu.	Je puis, ou je peux	Je pus.
Prévaloir.	Prévalant.	Prévalu.	Je prévaux.	Je prévalus.
Ravoir.				
S'asseoir.	S'asseyant.	Assis	Je m'assieds.	Je m'assis.
Savoir.	Sachant.	Su.	Je sais	Je sus.

TEMPS PRIMITIFS DES VERBES IRRÉGULIERS.

INFINITIF PRÉSENT.	PARTICIPE PRÉSENT.	PARTICIPE PASSÉ.	INDICATIF PRÉSENT.	PASSÉ DÉFINI.
Suite de la TROISIÈME CONJUGAISON				
Surseoir.	Sursoyant.	Sursis.	Je sursois.	Je sursis.
Valoir.	Valant.	Valu.	Je vaux.	Je valus.
Voir.	Voyant.	Vu.	Je vois.	Je vis.
Vouloir.	Voulant.	Voulu.	Je veux.	Je voulus.
QUATRIÈME CONJUGAISON.				
Absoudre.	Absolvant.	Absous, ab-soute au f.	J'absous.	
Boire.	Buvant.	Bu.	Je bois.	Je bus.
Braire.			Il brait.	
Bruire.				
Clore.		Clos.	Je clos.	
Conclure.	Concluant.	Conclu.	Je conclus.	Je conclus.
Confire.	Confisant.	Confit.	Je confis.	Je confis.
Coudre.	Cousant.	Cousu.	Je couds.	Je cousis.
Croire.	Croyant.	Cru.	Je crois.	Je crus.
Croître.	Croissant.	Crû.	Je crois.	Je crûs.
Dire.	Disant.	Dit.	Je dis.	Je dis.
Éclore.		Éclos.	Il éclôt.	
Écrire.	Écrivant.	Écrit.	J'écris.	J'écrivis.
Exclure.	Excluant.	Exclu.	J'exclus.	J'exclus.
Faire.	Faisant.	Fait.	Je fais.	Je fis.
Frire.		Frit.	Je fris.	
Joindre.	Joignant.	Joint.,	Je joins.	Je joignis.
Lire.	Lisant.	Lu.	Je lis.	Je lus.
Luire.	Luisant.	Lui.	Je luis.	
Maudire.	Maudissant.	Maudit.	Je maudis.	Je maudis.
Mettre.	Mettant.	Mis.	Je mets.	Je mis.
Moudre.	Moulant.	Moulu.	Je mouds.	Je moulus.
Naître.	Naissant.	Né.	Je nais.	Je naquis.
Nuire.	Nuisant.	Nui.	Je nuis.	Je nuisis.
Oindre.	Oignant.	Oint.	J'oins.	J'oignis.
Paître.	Paissant.		Je pais.	
Paraître.	Paraissant.	Paru.	Je parais.	Je parus.
Peindre.	Peignant.	Peint.	Je peins.	Je peignis.
Plaire.	Plaisant.	Plu.	Je plais.	Je plus.
Prendre.	Prenant.	Pris [solu	Je prends.	Je pris.
Resoudre.	Resolvant.	Resous, ré-	Je resous.	Je resolus.
Rire.	Riant.	Ri	Je ris.	Je ris.
Suffire.	Suffisant.	Suffi.	Je suffis.	Je suffis.
Suivre.	Suivant.	Suivi.	Je suis.	Je suivis.
Taire.	Taisant.	Tu.	Je tais.	Je tus.
Traire.	Trayant.	Trait.	Je trais.	
Vaincre.	Vainquant.	Vaincu.	Je vaincs.	Je vainquis.
Vivre.	Vivant.	Vécu.	Je vis.	Je vécus.

165. Voici les particularités propres aux verbes les plus irréguliers.

1ʳᵉ conjugaison.

ALLER Prés. de l'ind · *je vais, tu vas, il va, nous allons, vous allez, ils vont.* Futur : *j'irai, tu iras,* etc. Prés. du subj. : *que j'aille, que tu ailles, qu'il aille, que nous allions, que vous alliez, qu'ils aillent*

ENVOYER. Futur : *j'enverrai, tu enverras,* etc.

2ᵉ conjugaison.

ACQUÉRIR. Prés. de l'ind. : *j'acquiers, tu acquiers, il acquiert, nous acquérons, vous acquérez, ils acquièrent.* Futur : *j'acquerrai, tu acquerras,* etc. Prés. du subj. : *que j'acquière, que tu acquières, qu'il acquière, que nous acquérions, que vous acquériez, qu'ils acquièrent.*

COURIR. Futur : *je courrai, tu courras,* etc.

CUEILLIR. Futur : *je cueillerai, tu cueilleras,* etc.

GÉSIR. Prés. de l'ind : *ci-gît, il gît, nous gisons; vous gisez, ils gisent.* Imparf. de l'ind. : *je gisais, tu gisais, il gisait, nous gisions, vous gisiez, ils gisaient.* Partic. prés. : *gisant.* — Telles sont les seules formes employées de ce verbe.

FAILLIR. Futur : *je faudrai, tu faudras,* etc.

MOURIR. Prés. de l'ind : *je meurs, tu meurs, il meurt, nous mourons, vous mourez, ils meurent.* Futur : *je mourrai, tu mourras,* etc. Prés. du subj. : *que je meure, que tu meures, qu'il meure, que nous mourions, que vous mouriez, qu'ils meurent.*

OUÏR. N'est guère employé aujourd'hui qu'à l'infinitif, et aux temps composés du participe passé *ouï.* Le participe présent *oyant,* le présent de l'indicatif *j'ois,* le passé défini *j'ouïs,* et les temps qui en dérivent, ne sont plus usités.

TENIR. Prés. de l'ind. · *je tiens, tu tiens, il tient, nous tenons, vous tenez, ils tiennent.* Futur : *je tiendrai, tu tiendras,* etc. Prés du subj. : *que je tienne, que tu tiennes, qu'il tienne, que nous tenions, que vous teniez, qu'ils tiennent.*

gaisons. — 165. Quelles sont les particularités propres aux verbes de la première conjugaison *aller* et *envoyer* ? — aux verbes de la deuxième conjugaison *acquérir, courir, cueillir, gésir, faillir, mourir, ouïr, tenir, venir* ?,— aux verbes de la troisième conjugaison *choir, déchoir, échoir, falloir, mouvoir, pouvoir, s'asseoir, savoir, valoir, prévaloir, voir, vouloir* ? — aux verbes de la quatrième conjugaison *boire, bruire, dire,*

Venir. Prés. de l'ind. *je viens, tu viens, il vient, nous venons, vous venez, ils viennent.* Futur : *je viendrai, tu viendras,* etc. Prés. du subj. : *que je vienne, que tu viennes, qu'il vienne, que nous venions, que vous veniez, qu'ils viennent.*

3ᵉ conjugaison.

Choir. *Se laisser choir.* Ce verbe ne s'emploie qu'au présent de l'infinitif.

Déchoir. Prés. de l'ind. : *je déchois, tu déchois, il déchoit, nous déchoyons, vous déchoyez, ils déchoient.* Pas. déf. : *je déchus,* etc. Futur : *je décherrai, tu décherras,* etc. Conditionnel : *je décherrais,* etc. Prés. du subj. : *que je déchoie, que tu déchoies, qu'il déchoie, que nous déchoyions, que vous déchoyiez, qu'ils déchoient.* Imp. du subj. : *que je déchusse,* etc. Les autres temps simples sont inusités. Le participe passé *déchu* s'emploie, suivant les cas, avec l'auxiliaire *être* ou l'auxiliaire *avoir* : *il* EST *déchu depuis longtemps, — il* A *beaucoup déchu depuis cette époque.*

Échoir. N'est guère employé qu'à la troisième personne : *il échoit ou il échet, — il échut, — il écherra, — il écherrait, — qu'il échoie, — qu'il échût, — il est échu, il était échu,* etc.

Falloir. Futur : *il faudra.* Prés. du subj. : *qu'il faille* (quoiqu'il n'y ait pas de participe présent.)

Mouvoir. Prés. de l'ind. : *je meus, tu meus, il meut, nous mouvons, vous mouvez, ils meuvent.* Futur : *je mouvrai.* Prés. du subj. : *que je meuve, que tu meuves, qu'il meuve, que nous mouvions, que vous mouviez, qu'ils meuvent.*

Pouvoir. Prés. de l'ind. : *je peux ou je puis, tu peux, il peut, nous pouvons, vous pouvez, ils peuvent.* Futur : *je pourrai, tu pourras,* etc. Prés. du subj. : *que je puisse, que tu puisses, qu'il puisse, que nous puissions, que vous puissiez, qu'ils puissent.*

S'asseoir. Prés. de l'ind. : *je m'assieds, tu t'assieds, il s'assied, nous nous asseyons, vous vous asseyez, ils s'asseient.* Futur : *je m'assiérai, tu t'assiéras,* etc. On dit aussi : *je m'asseierai, tu t'asseieras,* etc. Le conditionnel présente la même particularité.

Savoir. Prés. de l'ind. : *je sais, tu sais, il sait, nous savons, vous savez, ils savent.* Imparf. de l'ind. : *je savais, tu savais,* etc. Futur : *je saurai, tu sauras,* etc. Impératif :

sache, sachons, sachez. Prés. du subj. *. que je sache, que tu saches, qu'il sache, que nous sachions, que vous sachiez, qu'ils sachent.*

VALOIR. Prés. de l'ind. : *je vaux, tu vaux, il vaut, nous valons, vous valez, ils valent.* Futur : *je vaudrai, tu vaudras,* etc. Prés du subj. : *que je vaille, que tu vailles, qu'il vaille, que nous valions, que vous valiez, qu'ils vaillent* — PREVALOIR, composé de VALOIR, fait au prés. du subj. : *que je prévale, que tu prévales, qu'il prévale, que nous prévalions, que vous prévaliez, qu'ils prévalent.*

VOIR. Futur : *je verrai, tu verras,* etc. PRÉVOIR et POURVOIR, composés de *voir,* font au futur *je prévoirai* et *je pourvoirai.* On dit au passé défini : *je vis, je prévis, et je pourvus.*

VOULOIR. Prés. de l'ind. : *je veux, tu veux, il veut, nous voulons, vous voulez, ils veulent.* Futur : *je voudrai, tu voudras,* etc. Impératif : *veux, voulons, voulez,* quand il s'agit de s'exhorter à avoir une volonté ferme ; *veuillez,* quand on prie quelqu'un de consentir à une chose.

4e conjugaison.

BOIRE. Prés. de l'ind. : *je bois, tu bois, il boit, nous buvons, vous buvez, ils boivent.* Prés. du subj : *que je boive, que tu boives, qu'il boive, que nous buvions, que vous buviez, qu'ils boivent.*

BRAIRE. Ce verbe ne s'emploie guère qu'à l'infinitif, et aux troisièmes personnes du présent de l'indicatif, du futur et du conditionnel.

BRUIRE. Ce verbe n'est usité qu'à l'infinitif et aux troisièmes personnes de l'imparfait de l'indicatif : *il bruyait, ils bruyaient.*

CLORE. Ce verbe n'est usité qu'à l'infinitif, aux trois personnes du singulier du présent de l'indicatif, au futur, au conditionnel, et dans les temps composés.

DIRE. Prés. de l'ind. : *je dis, tu dis, il dit, nous disons, vous dites, ils disent.* De tous les composés de dire, *redire* est le seul qui ait la même terminaison à la 2e personne plurielle de ce temps : *vous redites. Dédire, contredire, interdire, médire, prédire,* font : *dédisez, contredisez, interdisez, médisez, prédisez. Maudire* fait : *vous maudissez.*

ECLORE. Ce verbe n'est guère usité qu'à l'infinitif et aux troisièmes personnes de quelques temps. On le conjugue avec le verbe auxiliaire *être* : *il éclôt,* — *ils éclosent,* — *il est éclos* — *il éclora,* — *il éclorait,* — *qu'il éclose.*

Faire. Prés. de l'ind. : *je fais, tu fais, il fait, nous faisons, vous faites, ils font.* Futur : *je ferai, tu feras,* etc. Prés. du subj. : *que je fasse, que tu fasses, qu'il fasse, que nous fassions, que vous fassiez, qu'ils fassent. Contrefaire, défaire, refaire, surfaire* et *satisfaire* se conjuguent comme *faire.*

Frire. Prés. de l'ind. : *je fris, tu fris, il frit.* Pas de pluriel. Futur : *je frirai, tu friras,* etc. Conditionnel · *je frirais, tu frirais,* etc. Participe passé . *frit.* Ce verbe ne s'emploie pas aux autres temps simples.

Prendre. Prés. de l'ind. : *je prends, tu prends, il prend, nous prenons, vous prenez, ils prennent.* Prés. du subj. : *que je prenne, que tu prennes, qu'il prenne, que nous prenions, que vous preniez, qu'ils prennent.*

166 Nous avons remarqué que certains verbes ne s'emploient pas à tous les temps, à tous les modes, à toutes les personnes. Les verbes auxquels il manque ainsi un plus ou moins grand nombre de leurs formes s'appellent *défectifs,* du mot latin *deficere, manquer.*

Observons que lorsqu'un temps primitif manque, les temps qui doivent en dériver manquent également, sauf dans de rares exceptions..

167. Avec les notions exposées dans ce qui précède, il sera facile de conjuguer correctement tous les verbes français Pour bien se familiariser avec l'important exercice de la conjugaison, il sera très-utile de conjuguer, ainsi que certains auteurs le recommandent, en ajoutant au verbe différents sujets ou compléments : *j'aime mon père, il faut que j'aime mon père, je reviens de la ville.* C'est ce qu'on appelle *conjuguer par propositions.* On ne saurait trop insister sur l'étude approfondie des formes si variées du verbe et de leur emploi, car c'est là que l'on reconnaît la force ou la faiblesse de l'instruction grammaticale, tant dans la conversation que dans la correspondance écrite.

---

faire, frire, prendre ? — 166. Qu'entend-on par *verbes défectifs,* et qu'observe-t-on, dans ces verbes, pour les temps dérivés des temps primitifs qui manquent ? — 167. Qu'est-ce que *conjuguer par proposi-*

DE LA DIVISION DES VERBES EN TRANSITIFS
ET INTRANSITIFS.

168. Si l'on considère le sens des différents verbes, on remarquera que l'action des uns se renferme dans le verbe même, tandis que celle des autres s'effectue sur un objet. Ainsi, quand on dit : *je dors*, le sens est complet, et l'esprit n'exige rien de plus, tandis que quand on dit : *je donne*, l'esprit demande : *quoi ?* et le sens n'est complet que lorsqu'on énonce l'objet sur lequel s'effectue l'action *donner : je donne un pain, un livre*. Cet objet, sur lequel se porte ainsi l'action exprimée par le verbe, s'appelle *complément*, parce qu'il *complète* l'idée ; on le nomme aussi *régime*, parce qu'il est sous la dépendance du verbe. De plus, ce complément ou régime est appelé *direct*, parce que l'action *passe directement* sur lui, sans l'intermédiaire d'une préposition. Les verbes qui ont un régime direct sont appelés verbes *transitifs*, du mot latin *transire*, *passer*. On les nomme encore vulgairement verbes *actifs*; mais cette dénomination n'est pas bonne, et elle doit être réservée pour une signification particulière dont nous parlerons plus loin. Par opposition aux verbes transitifs, on a appelé *intransitifs* ceux qui n'ont pas de complément direct, comme *je dors, je tombe*. On les a aussi appelés verbes *neutres*, mais cette dénomination doit être rejetée : nous en comprendrons mieux encore la raison, lorsque nous traiterons de la forme active et de la forme passive des verbes.

169. Outre son complément direct, le verbe transitif peut avoir un ou plusieurs compléments *indirects*, c'est-à-dire reliés au verbe par l'intermédiaire d'une préposition : *je donne un pain à ce pauvre ; — je reçois un pain de ce boulanger ; — à ce pauvre, de ce boulanger*, sont les compléments ou régimes indirects des verbes *donne* et *reçois*.

170. Le verbe intransitif peut avoir un complément indirect ; souvent même ce complément est nécessaire pour achever le sens : *je songe à mon travail, — cela nuit à ma santé, — il revient de voyage ; — à mon travail, à ma santé, de*

---

voyage, sont les compléments des verbes intransitifs *songe*, *nuit*, *reviens*.

171. Observons que les verbes transitifs sont assez souvent employés dans un sens intransitif, c'est-à-dire, que leur action s'exprime alors en se renfermant en elle-même, sans se porter sur aucun objet particulier . *je ne puis plus donner, j'ai déjà trop donné; je ne reçois plus depuis quelque temps :* dans ces exemples, les verbes *donner* et *recevoir* n'ont pas de régime direct, et ils sont réellement employés comme verbes intransitifs ou neutres.

172. REMARQUE. Le régime direct se met après le verbe ; il en est de même du régime indirect, sauf le cas d'inversion, comme dans cet exemple : *aux travaux de la paix ont succédé les luttes de la guerre.*

173. Mais lorsque le régime est un pronom, il se place avant le verbe : *le maître m'instruit, t'instruit, l'instruit, nous instruit, vous instruit, les instruit* (pour *instruit moi, toi, lui, nous, vous, eux*) ; — *cet accident me nuit, te nuit, lui nuit, nous nuit, vous nuit, leur nuit* (pour *nuit à moi, à toi, à lui, à nous, à vous, à eux*). — Observons que, dans le premier exemple, *me, te, nous, vous*, sont *régimes directs*, tandis que dans le second, ils sont *régimes indirects* —*Se* peut aussi s'employer comme régime direct ou comme régime indirect : *se blesser* (blesser soi), *se nuire* (nuire à soi) —*Le, la, les*, ne s'emploient que comme régimes directs ; *lui, leur*, ne s'emploient que comme régimes indirects, de même que *en* et *y*. — Le pronom relatif *que* ne s'emploie que comme régime direct, les pronoms relatifs *dont, duquel, auquel*, etc., sont, de leur nature même, régimes indirects, puisqu'ils renferment en eux une préposition.

Le pronom régime se place cependant après le verbe à l'impératif · *donnez-le-moi.*

174 Lorsqu'un pronom personnel s'emploie comme régime indirect à l'aide d'une préposition, alors il se place après le verbe comme les substantifs dans le même cas : *il pense à moi,*

— 171. Les verbes transitifs peuvent-ils s'employer dans le sens intransitif?—Donnez des exemples de cet emploi —172 Ou se placent le régime direct et le régime indirect ? — 173. Qu'arrive-t-il lorsque le régime est un pronom? — Dans quel cas le pronom régime se place-t-il après le verbe ? — 174. Ou se place le pronom régime indirect, lorsqu'il est

6*

à toi, à lui, à nous, etc. On peut dire aussi, en faisant une inversion : *à moi vous donnerez la dernière place, à lui la première,* etc.

175. Un certain nombre de verbes intransitifs prennent pour auxiliaire, dans leur conjugaison, le verbe *être* au lieu du verbe *avoir ;* nous allons en donner un exemple.

CONJUGAISON DU VERBE INTRANSITIF **TOMBER.**

INDICATIF.

Présent.

Je tombe.
Tu tombes.
Il *ou* elle tombe.
Nous tombons.
Vous tombez.
Ils *ou* elles tombent.

Imparfait.

Je tombais.
Tu tombais.
Il *ou* elle tombait.
Nous tombions.
Vous tombiez.
Ils *ou* elles tombaient.

Passé défini.

Je tombai.
Tu tombas
Il *ou* elle tomba.
Nous tombâmes.
Vous tombâtes.
Ils *ou* elles tombèrent.

Passé indéfini.

Je suis tombé *ou* tombée.
Tu es tombé *ou* tombée.
Il est tombé *ou* elle est tombée
Nous sommes tombés *ou* tombées.
Vous êtes tombés *ou* tombées
Ils sont tombés *ou* elles sont tombées.

Passé antérieur.

Je fus tombé *ou* tombée.
Tu fus tombé *ou* tombée.
Il fut tombé *ou* elle fut tombée.
Nous fûmes tombés *ou* tombées.
Vous fûtes tombés *ou* tombées.
Ils furent tombés *ou* elles furent tombées.

Plus-que-parfait.

J'étais tombé *ou* tombée.
Tu étais tombé *ou* tombée.
Il était tombé *ou* elle était tombée.
Nous étions tombés *ou* tombées.
Vous étiez tombés *ou* tombées.
Ils étaient tombés *ou* elles étaient tombées.

Futur.

Je tomberai.
Tu tomberas.
Il *ou* elle tombera.
Nous tomberons.
Vous tomberez.
Ils *ou* elles tomberont.

Futur antérieur.

Je serai tombé *ou* tombée.
Tu seras tombé *ou* tombée.
Il sera tombé *ou* elle sera tombée.
Nous serons tombés *ou* tombées.
Vous serez tombés *ou* tombées.
Ils seront tombés *ou* elles seront tombées.

---

précédé d'une préposition ? — 175. Qu'y a-t-il de particulier dans les verbes intransitifs pour l'emploi de l'auxiliaire ? — Conjuguez le verbe

CONDITIONNEL.

Présent.

Je tomberais.
Tu tomberais.
Il *ou* elle tomberait.
Nous tomberions.
Vous tomberiez,
Ils *ou* elles tomberaient.

Passé.

Je serais tombé *ou* tombée.
Tu serais tombé *ou* tombée.
Ilseraittombéouelleseraittombée.
Nousserions tombés *ou* tombées.
Vous seriez tombés *ou* tombées.
Ils seraient tombés *ou* elles se-
raient tombées.

ON DIT AUSSI :

Je fusse tombé ou *tombée. Tu fusses tombé* ou *tombée. Il fût tombé* ou *elle fût tombée. Nous fussions tombes* ou *tombées. Vous fussiez tombés* ou *tombées. Ils fussent tombés* ou *elles fussent tombées.*

IMPÉRATIF.

Présent ou futur.

Tombe.
Tombons.
Tombez.

SUBJONCTIF.

Présent ou futur.

Que je tombe.
Que tu tombes.
Qu'il *ou* qu'elle tombe.
Que nous tombions.
Que vous tombiez.
Qu'ils *ou* qu'elles tombent.

Imparfait

Que je tombasse.
Que tu tombasses.
Qu'il *ou* qu'elle tombât.
Que nous tombassions.
Que vous tombassiez.
Qu'ils *ou* qu'elles tombassent

Passé.

Que je sois tombé *ou* tombée.
Que tu sois tombé *ou* tombée.
Qu'il soit tombé *ou* qu'elle soit
tombée.
Que nous soyons tombés *ou*
tombées.
Que vous soyez tombés *ou* tom-
bées.
Qu'ils soient tombés *ou* qu'elles
soient tombées.

Plus-que-parfait.

Que je fusse tombé *ou* tombée.
Que tu fusses tombé *ou* tombée.
Qu'il fût tombé *ou* qu'elle fût
tombée.
Que nous fussions tombés *ou*
tombées.
Que vous fussiez tombés *ou*
tombées.
Qu'ils fussent tombés *ou* qu'el-
les fussent tombées.

INFINITIF.

Présent.

Tomber.

Passé.

Être tombé *ou* tombée.

Participe présent.

Tombant.

Participe passé.

Tombé, tombée, étant tombé.

intransitif *tomber*. — 176. Donnez une idee de la forme *active* et de la

Conjuguez avec le même auxiliaire les verbes : *aller, arriver, déchoir, décéder, entrer, sortir, mourir, naître, partir, rester, descendre, monter, passer, venir* et ses composés *devenir, survenir, revenir, parvenir,* etc:

DE LA FORME ACTIVE ET DE LA FORME PASSIVE DES VERBES TRANSITIFS.

176. Lorsqu'on dit . *le maître instruit l'élève*, l'action exprimée par le verbe *instruire* est faite par *le maître*, qui est le sujet, et reçue par *l'élève*, qui est le régime. Si l'on exprime la même pensée sous cette autre forme : *l'élève est instruit par le maître*, l'action ne cesse pas d'être faite et reçue par les mêmes personnes; seulement on observe ici que *l'élève*, qui était le régime direct, est devenu le sujet, et que *le maître*, qui était le sujet, est devenu un régime indirect, à l'aide de la préposition *par*. Cette forme, dans laquelle le sujet reçoit l'action, a reçu le nom de *forme passive*, par opposition à l'autre, où le sujet *agit*, et qu'on appelle *forme active*.

177 Tous les verbes transitifs sont susceptibles de ce changement de la forme active en passive. On voit donc que les verbes passifs ne sont pas une espèce particulière de verbes, mais bien une forme des verbes transitifs. Leur conjugaison n'est autre chose que celle du verbe *être*, auquel on ajoute le participe passé du verbe que l'on veut tourner au passif, en prenant pour sujet le régime direct de la forme active, et faisant du sujet de celle-ci un régime indirect à l'aide de la préposition *par*. — Dans certains cas, la préposition *par* est remplacée par la préposition *de :* ainsi, par exemple, lorsqu'elle devrait être suivie du nom de *Dieu : les méchants seront punis de Dieu*; ou bien, lorsque le verbe exprime un sentiment · *je suis aimé de mon père*.

178. Les verbes intransitifs ne sauraient prendre la forme passive, parce qu'ils n'ont point de régime direct qui puisse devenir sujet de cette forme, et c'est là un caractère qui les distingue des verbes transitifs, mais on voit clairement ici combien il serait faux de réserver à ceux-ci la qualification *d'actifs :* il n'y a pas moins d'action dans *je marche, j'agis,*

verbes intransitifs, que dans *je fais*, *je donne*, verbes transitifs.

179 Voici la conjugaison de la forme passive : elle est la même pour les verbes des quatre conjugaisons.

INDICATIF.

Présent

Je suis	aimé
Tu es	ou
Il *ou* elle est	aimée
Nous sommes	aimés
Vous êtes	ou
Ils *ou* elles sont	aimées.

Imparfait.

J'étais	aimé
Tu étais	ou
Il *ou* elle était	aimée.
Nous étions	aimés
Vous étiez	ou
Ils *ou* elles étaient	aimées.

Passé défini.

Je fus	aimé
Tu fus	ou
Il *ou* elle fut	aimée.
Nous fûmes	aimés
Vous fûtes	ou
Ils *ou* elles furent	aimées.

Passé indéfini.

J'ai été	aimé
Tu as été	ou
Il *ou* elle a été	aimée
Nous avons été	aimés
Vous avez été	ou
Ils *ou* elles ont été	aimées.

Passé antérieur.

J'eus été	aimé
Tu eus été	ou
Il *ou* elle eut été	aimée.
Nous eûmes été	aimés
Vous eûtes été	ou
Ils *ou* elles eurent été	aimées.

Plus-que-parfait.

J'avais été	aimé
Tu avais été	ou
Il *ou* elle avait été	aimée.
Nous avions été	aimés
Vous aviez été	ou
Ils *ou* elles avaient été	aimées.

Futur.

Je serai	aimé
Tu seras	ou
Il *ou* elle sera	aimée.
Nous serons	aimés
Vous serez	ou
Ils *ou* elles seront	aimées.

Futur antérieur.

J'aurai été	aimé
Tu auras été	ou
Il *ou* elle aura été	aimée.
Nous aurons été	aimés
Vous aurez été	ou
Ils *ou* elles auront été	aimées.

CONDITIONNEL.

Présent.

Je serais	aimé
Tu serais	ou
Il *ou* elle serait	aimée.
Nous serions	aimés
Vous seriez	ou
Ils *ou* elles seraient	aimées.

Passé.

J'aurais été	aimé
Tu aurais été	ou
Il *ou* elle aurait été	aimée.
Nous aurions été	aimés
Vous auriez été	ou
Ils *ou* elles auraient été	aimées.

prendre la forme passive ? — 179. Conjuguez passivement un verbe

ON DIT AUSSI :

J'eusse été ⎫ *aimé*
Tu eusses été ⎪ *ou*
Il ou elle eût été ⎬ *aimée.*
Nous eussions été ⎪ *aimes*
Vous eussiez été ⎬ *ou*
Ils ou elles eussent été ⎩ *aimées.*

IMPÉRATIF.

Présent ou futur.

Sois aimé *ou* aimée.

Soyons   ⎧ aimés
Soyez   ⎨ ou
      ⎩ aimées.

SUBJONCTIF.

Présent ou futur.

Que je sois   ⎧ aimé
Que tu sois   ⎨ ou
Qu'il *ou* qu'elle soit ⎩ aimée.
Que nous soyons ⎧ aimés
Que vous soyez   ⎨ ou
Qu'ils *ou* qu'elles soient ⎩ aimées.

Imparfait.

Que je fusse   ⎧ aimé
Que tu fusses   ⎨ ou
Qu'il *ou* qu'elle fût ⎩ aimée.
Que nous fussions ⎧ aimés
Que vous fussiez   ⎨ ou
Qu'ils *ou* qu'elles fussent ⎩ aimées.

Passé.

Que j'aie été   ⎧ aimé
Que tu aies été   ⎨ ou
Qu'il *ou* qu'elle ait été ⎩ aimée.
Que nous ayons été ⎧ aimés
Que vous ayez été   ⎬ ou
Qu'ils *ou* qu'elles aient ⎪
    été   ⎩ aimées.

Plus-que-parfait.

Que j'eusse été   ⎧ aimé
Que tu eusses été   ⎨ ou
Qu'il *ou* qu'elle eût été ⎩ aimée.
Que nous eussions été ⎧ aimés
Que vous eussiez été   ⎬ ou
Qu'ils *ou* qu'elles eus- ⎪
   sent été   ⎩ aimées.

INFINITIF.

Présent.

Être aimé *ou* aimée, aimés *ou* aimées.

Passé.

Avoir été aimé *ou* aimée, aimés *ou* aimées.

Participe présent.

Étant aimé *ou* aimée, aimés *ou* aimées.

Participe passé.

Ayant été aimé *ou* aimée, aimés *ou* aimées.

DES VERBES RÉFLÉCHIS, PRONOMINAUX, RÉCIPROQUES

180. Lorsqu'on dit : *je me blesse*, l'action affirmée par le verbe *blesser* est faite et reçue par une seule et même personne, elle se réfléchit vers son auteur : cette personne est représentée par les deux pronoms *je* et *me*, dont le premier est

---

transitif. — 180. Donnez une idée du verbe *réflechi*. — 181. Comment

sujet, le second régime direct. Lorsqu'on dit : *je me nuis*, l'action se réfléchit encore sur le sujet ; seulement le pronom *me*, mis ici pour *à moi*, est un complément indirect. On voit que tous les verbes qui expriment une action peuvent prendre la forme réfléchie, puisque cette action peut toujours être présentée comme faite par le sujet envers lui-même.

181. Le verbe réfléchi s'appelle encore *pronominal*, parce qu'il se conjugue à l'aide de deux pronoms de la même personne. Il y a des verbes *essentiellement pronominaux*, c'est-à-dire, qui ne s'emploient jamais que sous cette forme, comme *se repentir*. Les autres sont *accidentellement pronominaux*, c'est-à-dire, qu'ils ne revêtent la forme pronominale que dans certains cas, comme *se flatter, se blesser, se nuire*, etc.

182. On appelle *réciproques* ceux des verbes pronominaux où il y a réciprocité d'action ; ainsi, dans *se battre*, nous trouvons une action où l'on donne et reçoit des coups de deux côtés.

183. Voici la conjugaison d'un verbe pronominal. On remarquera que le verbe *être* y est employé comme auxiliaire. On remarquera aussi qu'à l'impératif le pronom régime se trouve après le verbe.

CONJUGAISON DU VERBE **SE REPENTIR.**

INDICATIF.

Présent.

Je me repens.
Tu te repens.
Il *ou* elle se repent.
Nous nous repentons.
Vous vous repentez.
Ils *ou* elles se repentent.

Imparfait.

Je me repentais, *etc.*

Passé défini.

Je me repentis, *etc.*

Passé indéfini.

Je me suis repenti *ou* repentie.

Passé antérieur.

Je me fus repenti *ou* repentie.

Plus-que-parfait.

Je m'étais repenti *ou* repentie.

Futur.

Je me repentirai.

Futur antérieur.

Je me serai repenti *ou* repentie.

CONDITIONNEL.

Présent.

Je me repentirais.

Passé.

Je me serais repenti *ou* repentie.

ON DIT AUSSI :

* *Je me fusse repenti* ou *re-pentie.*

IMPÉRATIF.

Présent ou futur.

Repens-toi.
Repentons-nous.
Repentez-vous.

SUBJONCTIF.

Présent ou futur.

Que je me repente.

Imparfait.

Que je me repentisse.

Passé.

Que je me sois repenti *ou* repentie.

Plus-que-parfait.

Que je me fusse repenti *ou* repentie.

INFINITIF.

Présent.

Se repentir.

Passé.

S'être repenti *ou* repentie.

Participe présent.

Se repentant.

Participe passé.

Repenti, s'étant repenti *ou* repentie.

Conjuguez de même : *s'écrier, s'apitoyer, s'enorgueillir, s'é-vanouir, se plaindre, se réjouir, s'asseoir, se taire, se souvenir, se battre, s'en aller,* etc.

184. Observons que, dans la conjugaison du verbe *s'en aller,* le mot *en* doit toujours se placer avant le verbe *être* dans les temps où cet auxiliaire est employé : *je m'en suis allé, je m'en étais allé,* et non *je me suis en allé,* etc.

DES VERBES IMPERSONNELS.

185. On appelle verbes *impersonnels* ceux qui ne s'emploient, dans tous leurs temps, qu'à la troisième personne du singulier, comme : *il pleut, il faut,* etc. On les a aussi appelés *unipersonnels,* c'est-à-dire, n'ayant qu'une seule personne. Ce dernier nom leur convient sans doute, puisque, en effet,

se place le mot *en,* par rapport à l'auxiliaire *être,* dans la conjugaison du verbe *s'en aller?* — 185. Qu'est-ce que le verbe *impersonnel?* — Pourquoi le nomme-t-on ainsi, et quel autre nom lui a-t-on donné? — 186.

leur conjugaison présente partout les terminaisons de la troisième personne du singulier, mais le nom *impersonnel* exprime peut-être mieux leur nature, en ce sens que le pronom
sujet ne représente réellement pas une personne du discours,
faisant l'action exprimée par le verbe.

186. Parmi les verbes impersonnels, il y en a qui ne s'emploient jamais autrement, tels que : *il faut, il pleut*, etc.,
d'autres, au contraire, ne sont qu'accidentellement impersonnels, comme : *il convient, il sied*, etc.

187. CONJUGAISON DU VERBE IMPERSONNEL **FALLOIR.**

INDICATIF.	CONDITIONNEL.
Présent.	*Présent.*
Il faut.	Il faudrait.
Imparfait.	*Passé.*
Il fallait.	Il aurait fallu.
Passé défini.	SUBJONCTIF.
Il fallut.	*Présent ou futur.*
Passé indéfini.	Qu'il faille.
Il a fallu.	*Imparfait.*
Passé antérieur.	Qu'il fallût.
Il eut fallu.	*Passé.*
Plus-que-parfait.	Qu'il ait fallu.
Il avait fallu.	*Plus-que-parfait.*
Futur.	Qu'il eût fallu.
Il faudra.	INFINITIF.
Futur antérieur.	*Présent.*
Il aura fallu.	Falloir.
	Participe passé.
	Fallu, ayant fallu.

Conjuguez de même : *il tonne, il pleut, il vente, il neige,
il arrive, il importe, il sied, il convient, il y a*, etc.

188. On emploie assez souvent impersonnellement la

Quelle différence y a-t-il entre les verbes *essentiellement* et *accidentellement* impersonnels ? — 187 Conjuguez un verbe impersonnel, et citez-
en quelques autres, à conjuguer de même. — 188. Quelle remarque y
a-t-il à faire sur la forme passive, conjuguée impersonnellement? — 189.

7

forme passive, comme dans les exemples suivants · *il est dit,
il est annoncé, il se confirme que... ; il sera distribué des au-
mônes ; il nous a été adressé des lettres,* etc. Nous remarquons
que, dans ces locutions, des verbes intransitifs, tels que *dire,
annoncer que,* etc., peuvent se tourner au passif.

CHAPITRE VI.

DU PARTICIPE.

189. Le participe, ainsi que nous l'avons dit, a reçu ce
nom parce qu'il tient à la fois du verbe et de l'adjectif. Il
tient du verbe en ce qu'il en a la signification et le régime :
aimant Dieu, aimé de Dieu ; il tient de l'adjectif en ce qu'il qualifie le nom auquel il se rapporte : *flot tourbillonnant, apparte-
ment éclairé.*

190. Il y a deux sortes de participes : le participe *présent*
et le participe *passé.*

191. Le participe présent, ainsi nommé parce qu'il exprime
toujours un temps présent par rapport à une époque quelconque, est toujours terminé en *ant* Il est invariable : *un
homme travaillant, des hommes travaillant ; une femme travaillant, des femmes travaillant.* Le participe présent a toujours un sens actif.

192. Le participe passé est ainsi nommé parce qu'il exprime un temps passé, comme dans : *j'ai été, j'ai fini,* ou un
sens passif qui entraîne l'idée d'une action accomplie, comme
dans · *il est vaincu, il est sauvé.* Il offre diverses terminaisons dans les différents verbes.

193. Le participe passé est variable, et ses variations constituent une des difficultés qui embarrassent le plus les com-
mençants. Quoiqu'elles soient plutôt du domaine de la syntaxe
que de la grammaire proprement dite, nous résumerons ici
brièvement leurs lois.

Qu'est-ce que le *participe ?* — 190. Combien y a-t-il de sortes de participes ? — 191. Qu'est-ce que le participe *présent ?* — quel en est le sens
et le caractère ? — 192 et 193. Qu'est-ce que le participe *passé ?* —

194. Le participe passé s'accorde tantôt avec son sujet, tantôt avec son régime, tantôt il ne s'accorde ni avec l'un ni avec l'autre.

195. Le participe passé ne s'accorde point avec son sujet, quand il est accompagné du verbe *avoir* : *mon père a* ÉCRIT, *ma mère a* ÉCRIT *une lettre ; mes frères, mes sœurs ont* ECRIT *des lettres.*

196 Il s'accorde avec son sujet, quand il est accompagné du verbe *être* : *les envoyés sont* REÇUS, *les lettres seront* LUES. Cependant cet accord n'a pas lieu dans les verbes réfléchis, où le verbe *être* accompagne le participe passé, mais c'est parce que le verbe *être*, dans leur conjugaison, a réellement le sens du verbe *avoir* : *ils* SE SONT *attribué tout l'honneur,* est mis pour *ils* ONT *attribué* A EUX, etc.

197. Le participe passé s'accorde avec son régime *direct* lorsque celui-ci le précède : ce qui n'arrive guère qu'avec les pronoms *je, me, se, nous, vous, que, quel* : *la lettre* QUE *vous avez* ÉCRITE, *je l'ai* LUE, *ils* SE *sont* BLESSÉS, QUELS *biens avez-vous* PERDUS? etc Lorsque le régime est après le participe, le participe est invariable.

CHAPITRE VII.

DE L'ADVERBE.

198. L'*adverbe* est au verbe ce que l'adjectif est au nom : il en qualifie ou détermine l'action, comme l'adjectif qualifie ou détermine l'être désigné par le substantif. C'est de là que vient le nom d'*adverbe* (*près du verbe*) : *cet homme parle* ÉLOQUEMMENT, *parle* TROP, *parle* PLUS *ou* MOINS, *parle* ENCORE.

199 L'adverbe se joint aussi à l'adjectif pour en modifier la signification *cet homme est* ADMIRABLEMENT *éloquent ; mais son raisonnement est* TROP *profond pour ses auditeurs:* dans cet exemple, l'adverbe *admirablement* modifie l'adjectif *éloquent* ; l'adverbe *trop* modifie l'adjectif *profond.*

200. L'adverbe est invariable.

204. On a distingué les adverbes en différentes classes, d'après leur signification. Ainsi, les uns marquent la manière : *modestement, justement, grandement,* et une foule d'adverbes en *ment* tirés des adjectifs, d'autres, l'ordre : *d'abord, ensuite, auparavant,* etc., le lieu : *ici, là, où, en, y,* etc., le temps : *aujourd'hui, hier, demain, autrefois, bientôt,* etc., la quantité : *beaucoup, peu, assez, tant, trop,* etc. ; la comparaison : *plus, moins, aussi, autant, mieux, pis,* etc., l'affirmation : *certes, certainement,* etc., la négation : *ne, ne point, ne pas, nullement,* etc. Cette classification, bien qu'ayant son utilité, laisse cependant à désirer, comme on peut s'en convaincre par la liste suivante des adverbes français les plus usités.

Ailleurs.	Déjà.	Mal.	*jectif ou un*
Ainsi.	Demain.	Même.	*adverbe).*
Alors.	Derrière.	Mieux.	Quelquefois.
Après, avant	Désormais.	Moins.	Quelque part.
(*quand ils n'ont*	Dessous.	Naguère.	Si (*modifiant un*
pas de régime).	Dessus.	Ne.	*adjectif ou un*
Assez.	Devant.	Ne pas, ne point.	*adverbe).*
Aujourd'hui.	Dorénavant.	Néanmoins.	Souvent.
Auparavant.	En (*pour* de là).	Où.	Surtout.
Auprès.	Encore.	Parfois.	Tant.
Aussi.	Enfin.	Partout.	Tantôt.
Aussitôt.	Ensemble.	Peu.	Tôt.
Autant.	Ensuite.	Peut-être.	Toujours.
Autrefois.	Environ.	Pis.	Tout (*modifiant*
Autrement.	Exprès.	Plus.	*un adjectif ou*
Beaucoup.	Fort.	Plutôt.	*un adverbe).*
Bien.	Guère.	Pourtant.	Toutefois.
Bientôt.	Hier.	Présentement.	Très.
Certes.	Ici.	Presque.	Trop
Céans.	Incontinent.	Près, proche	Vite.
Cependant.	Jadis.	(*quand ils n'ont*	Volontiers.
Combien.	Jamais.	*pas de régime*).	Y (*pour* là).
Comme (*dans le*	Jusque-là.	Puis	Ajoutez à ces ad-
sens de com-	Là.	Quand.	verbes les ad-
ment).	Loin.	Que (*dans le sens*	verbes en *ment*
Davantage.	Longtemps.	*de* combien).	formés des ad-
Dedans.	Lors.	Quelque (*modi-*	jectifs.
Dehors.	Maintenant.	*fiant un ad-*	

verbe ? — Avec quels mots s'emploie-t-il ? — **204.** Comment a-t-on

202. Certains adjectifs sont aussi quelquefois employés comme adverbes · *frapper fort, parler bas, chanter juste, voir clair, sentir bon*, etc.

203. On emploie comme adverbes des expressions composées le plus souvent d'un nom et d'une préposition, et qu'on appelle *locutions adverbiales : à l'envers, à souhait, tout-à-coup, à foison, en abondance, sans cesse, à jamais, de même, de nouveau, en avant, en arrière, coup-sur-coup, tout de suite, ni plus ni moins, nulle part, à l'avenir, à regret, à la fois, pêle-mêle*, etc.

204 Quant aux mots *oui* et *non*, que l'on range quelquefois parmi les adverbes, ils doivent être considérés comme l'affirmation ou la négation de ce qui est contenu dans la demande à laquelle ils répondent : *oui* veut dire *cela est; non* veut dire *cela n'est pas.* On ne peut donc point les considérer comme parties du discours, puisque chacun de ces mots a le sens d'un discours complet. — Cependant, *non* est employé comme adverbe dans les expressions telles que celles-ci : *non-seulement, non avenu*, etc.

CHAPITRE VIII.

DE LA PRÉPOSITION.

205. La préposition est un mot invariable qui relie les mots à leurs compléments. Elle annonce que le substantif, ou le pronom, ou le verbe, ou l'adjectif, va être déterminé ou complété par le mot suivant.

Quand je dis : *le livre*, on ne sait pas encore de quel livre je veux parler Quand je dis : *le livre de*, la préposition *de* annonce qu'il va paraître un mot dont l'emploi sera de déterminer l'idée que le substantif *livre* a commencé à exprimer. Enfin, quand je dis · *le livre de Jules*, le mot *Jules* complète cette idée en déterminant de quel livre il s'agit. La préposition *de* indique entre *livre* et *Jules* un rapport de propriété.

206. Les compléments sont de différentes espèces. Ainsi, nous avons vu que les verbes ont un complément *direct* et un complément *indirect ;* ce dernier, répondant aux questions *de qui? de quoi? à qui? à quoi? par qui? par quoi?* se rattache au verbe par une des prépositions *de, à, par* Les verbes ont encore d'autres compléments qu'on appelle *adverbiaux,* et qui répondent aux questions *quand? comment? où?* etc. Dans ces exemples · *le livre de Jules, celui d'entre vous,* les mots *de Jules, d'entre vous,* sont des compléments *déterminatifs.* Il existe des compléments qu'on appelle *circonstanciels,* parce qu'ils expriment les circonstances.

207 Le mot devant lequel la préposition se trouve, s'appelle aussi le complément ou régime de cette préposition.

208 Les rapports exprimés par les prépositions suivies de leurs régimes sont très-variés · les principaux sont les rapports de *lieu,* d'*ordre,* d'*union,* de *désignation,* de *séparation,* d'*opposition,* de *cause,* de *moyen.*

209. Voici la liste des prépositions .

A.	Devant.	Sans.
Après.	Devers.	Selon.
Avant.	Entre.	Sous.
Avec.	Envers.	Sur.
Chez.	Hors	Vers.
Contre.	Hormis.	
Dans.	Malgré.	
De.	Outre.	
Depuis.	Par.	
Derrière.	Parmi.	
Dès.	Pour.	

210 A cette liste, comprenant les mots qui sont essentiellement prépositions, il faut ajouter *en,* qui en a aussi quelquefois l'emploi, comme dans ces exemples . *en Egypte, en mangeant, en harmonie,* etc.

---

206 Indiquez différentes espèces de *compléments* — 207. Qu'est-ce que le *complément* de la préposition, et comment l'appelle-t-on encore ? — 208 Quels sont les principaux rapports exprimés par les prépositions suivies de leurs régimes ? — 209 Donnez la liste des prépositions. — 210. Donnez des exemples de l'emploi de *en* comme préposition — 211.

211. De plus, certains autres mots, primitivement participes ou adjectifs, sont aussi employés comme prépositions : *attendu, concernant, durant, excepté, moyennant, pendant, sauf, suivant, supposé, touchant*, etc.

212. Enfin, il est des prépositions *composées*, ou *locutions prépositives*, telles que : *à côté de, à cause de, à l'égard de, à travers, au-delà de, auprès de, près de, autour de, au travers de, en faveur de, par delà, par-dessus, quant à, vis-à-vis, vis-à-vis de, y compris, non compris*, etc.

CHAPITRE IX.

DE LA CONJONCTION

213. Dans les différents chapitres qui précèdent, nous avons vu comment les noms, remplacés par les pronoms au besoin, désignent les êtres de tout genre, comment les adjectifs expriment les qualités de ces êtres, comment les verbes affirment, sous toutes les variétés de temps, de modes, de personnes, leur existence et les divers états ou actions qui leur sont attribués, comment, à l'aide de l'adverbe et de la préposition, toutes les circonstances et les nuances si diverses de l'action, de l'état, des qualités, peuvent être exprimées : et ainsi nous avons pris une idée claire de tout ce qui peut constituer une proposition. Mais le discours se compose d'une suite de propositions qui s'enchaînent par le sens, et cet enchaînement doit être marqué par certains mots. c'est là l'emploi des *conjonctions*

La *conjonction* est un mot invariable, ainsi appelé parce qu'il sert en général à lier entre elles les propositions dont le discours se compose.

Lorsqu'on dit : *cette étoffe est belle,* — *elle ne pourra nous servir,* — *elle est trop peu solide,* — il y a là trois affirmations, trois propositions bien distinctes, dont le sens s'enchaîne évidemment ; mais il manque entre elles des mots pour exprimer cet enchaînement : *cette étoffe est belle ;* MAIS *elle ne pourra nous servir,* PARCE QU*elle est trop peu solide.* Entre la première proposition, favorable à l'étoffe, et la deuxième, qui lui est défavorable, la conjonction *mais* exprime l'opposition, la conjonction *parce que,* placée devant la troisième, indique qu'elle motive la deuxième. Cet exemple suffit pour montrer de quelle importance sont les conjonctions. Et en effet, c'est leur emploi judicieux qui met le mouvement et la clarté dans le discours, en indiquant en quelque sorte à l'esprit le sens des propositions qui se succèdent. Au contraire, employées sans discernement, elles ôtent toute grâce au discours, en même temps qu'elles y jettent l'embarras et la confusion.

Certaines conjonctions servent aussi à unir ou à disjoindre les noms, les pronoms, les adjectifs, les verbes, les adverbes, dans une même proposition : *le soleil* ET *la lune, l'un* ou *l'autre, beau* ET *brillant, boire* ET *manger, bien* ou *mal,* NI *bon* NI *beau,* etc.

214. Il y a des mots qui sont essentiellement conjonctions, en voici la liste : *car, comme, donc, et, lorsque, mais, ni, or, ou, pourquoi, puis, puisque, que, quand, quoique, si.*

215. Il y en a d'autres qui, essentiellement adverbes, s'emploient accidentellement comme conjonctions, tels sont : *cependant, néanmoins, toujours, encore, aussi, d'ailleurs,* etc. : *j'ignore son intention,* TOUJOURS *est-il que sa conduite m'inquiète ·* dans cet exemple, *toujours,* adverbe de sa nature, remplit le rôle de conjonction.

216. Certaines expressions, composées de plusieurs mots remplissant ensemble le rôle d'une conjonction, sont appelées *locutions conjonctives;* telles sont · *parce que, sans que, à moins que, bien que, par conséquent, ou bien,* etc.

217. Parmi les conjonctions, il en est qui veulent le verbe suivant au subjonctif, telles sont : *quoique, bien que, soit que, pourvu que, de peur que,* et en général toutes celles qui expriment quelque doute ou quelque souhait.

CHAPITRE X.

DE L'INTERJECTION.

218. Il nous reste, pour compléter l'exposé des parties du discours, à dire quelques mots de *l'interjection*

L'interjection, ainsi appelée parce qu'elle est comme jetée dans le discours indépendamment des autres termes qui le composent, est un mot invariable qui exprime les élans de l'âme L'interjection sert donc à animer le discours, à lui donner de la vie.

219 Certains mots sont essentiellement interjections, tels sont : *ah! oh! hélas!* etc., d'autres ne le sont qu'accidentellement, tels sont : *paix! quoi! allons! ferme!* etc.

220. On appelle *locutions interjectives*, les expressions composées de plusieurs mots dont l'ensemble a le sens d'une interjection . *tout beau! hé bien!* etc.

221 Les interjections les plus employées sont : *ah! bon! bah! çà! courage! chut! ciel! dà! eh! eh bien! fi! ha! hélas! holà! ho! hem! hein! hé bien! hé quoi! ô! oh! ouais! ouf! oui-dà! or çà! paix! silence!*

CHAPITRE XI.

REMARQUES SUR LES DIFFÉRENTES PARTIES DU DISCOURS.

I DU NOM.

222. Certains noms sont des deux genres, suivant leur emploi, ainsi :

AIGLE est masculin, quand il désigne l'oiseau ainsi nommé; il est féminin, quand il désigne l'enseigne militaire surmontée de l'image d'un aigle . *les aigles romaines*

AMOUR, masculin au singulier, est féminin au pluriel, sauf dans quelques cas rares : *un fol amour, de folles amours.*

DÉLICE et ORGUE sont masculins au singulier, féminins au pluriel : *c'est un délice de l'entendre, cet orgue est harmonieux ; — les champs font mes plus chères délices, voilà de belles orgues.*

ENFANT est masculin, quand il désigne un petit garçon; féminin, quand il désigne une petite fille . *mon fils est un enfant studieux, — ma fille est une charmante enfant.*

HYMNE est masculin, excepté seulement lorsqu'il désigne un chant d'église : *les belles hymnes du bréviaire de Paris, — un hymne guerrier, national,* etc.

FOUDRE est ordinairement féminin · *être frappé de la foudre.* Cependant on le fait quelquefois masculin, surtout dans le style poétique ou figuré : *être frappé du foudre, expirer sous les foudres vengeurs.* FOUDRE est toujours masculin dans les expressions . *un foudre de guerre, un foudre d'éloquence,* employées pour exprimer un grand guerrier, un grand orateur.

223 Nous citerons encore, parmi les noms des deux genres, les noms suivants, qui ont une signification différente suivant le genre auquel on les emploie. AIDE est féminin, quand il signifie secours : *une aide généreuse;* il est des deux genres, quand il signifie celui ou celle qui remplit un rôle secondaire dans un travail : *un aide intelligent, une aide intelligente.* GARDE, exprimant l'action de garder, est féminin · *on a fait bonne garde;* il est aussi féminin, lorsqu'il désigne l'ensemble de ceux qui gardent : *la garde est accourue;* il est des deux genres, s'il signifie celui ou celle qui garde · *un garde-malade, une garde-malade* COUPLE est féminin, quand il marque simplement le nombre deux : *une couple de pigeons;* il est masculin, quand il exprime une idée d'union . *un couple d'amis, un couple heureux.* MANCHE est masculin, quand il désigne ce qui sert à saisir un instrument; et féminin, quand il signifie la partie d'un vêtement où l'on met le bras.

Il y a encore d'autres substantifs des deux genres ; l'usage les fera connaître.

224. Le mot GENS doit être l'objet d'une remarque toute spéciale. Il veut au féminin les adjectifs qui le précédent, et au masculin ceux qui le suivent · *les gens sensés, les vieilles gens, s'accommoder de toutes gens; les vieilles gens sont soupçonneux.* Lorsque *gens*, précédé de l'adjectif indéfini *tous*, est en même temps précédé ou suivi d'un autre adjectif, *tous* se met au masculin si l'autre adjectif est après *gens*, ou même si, étant avant, il est terminé en e muet au masculin comme au féminin *tous les gens sensés, tous les honnêtes gens;* lorsque l'adjectif qui précède *gens* ne se termine en e muet qu'au féminin, alors on est obligé de mettre aussi *tous* au féminin : *toutes les bonnes gens.*

225. Certains substantifs ne s'emploient jamais au pluriel ; tels sont · *sobriété, chrétienté.* D'autres ne s'emploient jamais au singulier ; tels sont : *funérailles, entrailles.*

226. Les *noms composés* offrent certaines difficultés pour la formation du pluriel. Parmi ces noms, il en est qui sont formés de deux noms, comme *chien-loup ;* les deux noms prennent la marque du pluriel *des chiens-loups* D'autres sont formés d'un nom et d'un adjectif, qui prennent aussi tous deux la marque du pluriel · *un coffre-fort, des coffres-forts.* Il n'y a d'exception que pour certains noms où il y a quelque chose de sous-entendu, comme dans *un appui-main, des appuis-main*, c'est-à-dire des *appuis* pour la *main.*

Si le nom composé est formé de deux noms et d'une préposition qui les unit, le deuxième nom reste invariable et le premier prend la marque du pluriel : *un ver-à-soie, des vers-à-soie;* sauf dans certaines expressions où il y a quelque chose de sous-entendu, dont le sens s'oppose à ce que ce nom varie. *un pied-à-terre, des pied-à-terre* (c'est-à-dire des lieux où l'on met *pied à terre).*

Si le nom composé est formé d'un nom joint à un verbe, à un adverbe ou à une préposition, le nom prendra en général la marque du pluriel, mais seulement quand le sens l'indiquera : ainsi ; on écrira *porte-drapeau, à-compte, cure-dents,* au pluriel comme au singulier, parce qu'il s'agit toujours d'un seul drapeau à porter, d'un seul compte à régler, de plusieurs dents à curer, on écrira, au contraire. *un avant-coureur, des avant-coureurs; un sous-maître, des sous-maîtres;* parce qu'il y a pluralité dans les objets désignés par les noms *coureur* , *maître.*

Quant aux noms composés qui ne contiennent ni adjectif ni substantif, ils ne prennent aucune marque de pluriel : *des passe-partout, des oui-dire.*

227. Nous avons vu, au chapitre du *Nom* (54), dans quels cas rares les *noms propres* prennent la marque du pluriel

228 Les noms *collectifs,* tels que *foule, troupe,* etc., offrent certaines difficultés relativement au nombre que doit prendre le verbe dont ils sont le sujet Nous en parlerons à propos du verbe, parce que la solution de ces difficultés consiste à reconnaître de quelle nature est l'action, et si elle convient à l'ensemble représenté par le collectif ou aux membres qui le composent.

II. DE L'ARTICLE.

229. Quand on dit. *boire du vin, de la bière, des liqueurs,* ces mots . *du vin, de la bière, des liqueurs,* indiquent une certaine *partie* du vin, de la bière, des liqueurs qui existent ; on dit alors que le substantif est pris dans un sens *partitif.* Si le substantif ainsi employé est précédé d'un adjectif, l'article disparaît, et l'on ne laisse plus que la préposition *de* devant l'adjectif : *boire de bon vin , de bonne bière, de bonnes liqueurs* , et non *du bon vin, de la bonne bière, des bonnes liqueurs.* On dira de même · *de beau blé, de belle herbe, de belles étoffes,* etc.

230. Cependant, lorsque l'adjectif et le nom ne forment en quelque sorte qu'un seul nom, comme *jeunes gens , grand homme, bonne volonté,* et surtout lorsqu'ils forment un véritable nom composé, on emploie l'article comme s'il n'y avait

noms composes ? — 227. Dans quels cas les *noms propres* prennent-ils la marque du pluriel ? — 228 En quoi consistent les difficultés relatives aux *noms collectifs ?* — 229. Dans quel cas supprime-t-on l'article devant un nom pris dans un sens *partitif?* — Que signifie cette dernière expression ? — 230. Dans quel cas le nom pris dans un sens partitif et precédé

pas d'adjectif : *des jeunes gens*, *des grands hommes*, *de la bonne volonté*, *des faux-fuyants*, etc.

III. DE L'ADJECTIF.

ADJECTIFS QUALIFICATIFS.

231. Nu, placé devant un substantif, est invariable et se rattache au substantif par un trait d'union : *nu-pieds*, *nu-tête*; il redevient variable, lorsqu'il se place après le nom · *pieds nus*, *tête nue.*

Demi est aussi invariable devant le substantif : *une demi-heure*, *deux demi-livres.* Mais on dit : *une heure et demie*, *sonner les demies* : dans ce dernier exemple, *demie* est employé comme substantif.

L'adjectif feu, signifiant *défunt*, est invariable lorsqu'il ne précède pas immédiatement le substantif : *feu mon père*, *feu la reine;* il est variable, lorsqu'il le précède immédiatement : *ma feue mère*, *la feue reine.*

232. Les adjectifs employés adverbialement restent invariables : *ces fraises sentent* bon, *ces poires ont été vendues* cher.

ADJECTIFS DÉTERMINATIFS.

233. Vingt et cent prennent la marque du pluriel, quand ils sont multipliés par un autre nombre : *quatre-vingts*, *quatre cents.* Cependant ils la perdent, lorsqu'un autre nombre les suit : *quatre-cent-quatre-vingt-deux.*

Mille est invariable : *deux mille*, *cent mille.* Mais lorsqu'on l'emploie comme mesure de chemin (estimée approximativement à *mille* pas), il est substantif et devient variable : *deux milles d'Angleterre.*

234. Même est adjectif ou adverbe. Il est adjectif, lorsqu'il est placé devant le substantif : *le même objet*, *les mêmes objets;* ou après un seul substantif : *ses ennemis mêmes reconnaissent...* ou après un pronom : *moi-même*, *nous-mêmes*, *eux-*

---

d'un adjectif, admet-il l'article ? — 231. Qu'y a-t-il à remarquer pour les adjectifs *nu*, *demi*, *feu?* — 232 Quelle règle suivent les adjectifs employés adverbialement ? — 233 Dans quel cas *vingt* et *cent* prennent-ils la marque du pluriel ? — Dans quel cas *mille* est-il variable ? — 234. Donnez une idée de l'emploi de *même* comme adjectif et comme

mêmes. Il est adverbe, et par conséquent invariable, lorsqu'il est placé après plusieurs substantifs, ou qu'il modifie un verbe : *les hommes, les animaux, les plantes même, ressentirent l'influence de ce mal; — il travaillait même la nuit.*

235. QUELQUE, QUELQUE... QUE, QUEL QUE. — *Quelque,* suivi d'un nom, est adjectif et s'accorde avec ce nom : *quelque instruction que vous ayez, quelques biens que vous possédiez.*

Quelque, suivi d'un adjectif, est adverbe et invariable : *quelque beau que soit ce livre, quelque beaux que soient ces livres.*

Dans cet exemple : *quel que soit son mérite,* — *quel* et *que* sont deux mots distincts : l'adjectif *quel,* variable, et la conjonction *que,* invariable : *quelle que soit sa fortune, quels que soient ses travaux.*

236 TOUT est aussi adjectif ou adverbe.

Employé comme adjectif, il s'accorde avec le nom auquel il se rapporte : *tout le vin, toute la classe, tous les hommes, toutes les fleurs, ces personnes sont toutes instruites.*

Employé comme adverbe, il est invariable : *nous sommes tout charmés, elle est tout étonnée, elles sont tout heureuses.* Cependant, au féminin, *tout,* quoique employé adverbialement, varie, pour motif d'euphonie, devant les adjectifs qui commencent par une consonne ou une *h* aspirée : *elle est toute fâchée, ces murailles sont toutes délabrées.* Dans ces exemples, *tout* est employé dans le sens de *tout à fait.* On suivra la même règle dans les exemples suivants, où il est employé dans le sens de *quoique : tout heureuses qu'elles sont, toutes surprises qu'elles sont.*

IV. DU PRONOM.

237. Nous avons vu que le pronom personnel, quoique se plaçant ordinairement avant le verbe dont il est le sujet, se place cependant après dans la forme interrogative : *irai-je? Pierre ira-t-il?* Il en est de même, lorsqu'on rapporte les paroles de quelqu'un : *dit-il, dit-elle.* Dans ce dernier cas, le nom lui-même se place après le verbe : *j'irai, dit Pierre.*

adverbe — 235 Distinguez les expressions *quelque, quelque* . *que,* et *quel que* — 236. Donnez les règles de l'emploi de *tout,* comme adjectif et comme adverbe. — 237. Dans quel cas le pronom personnel sujet se

238. Le pronom personnel régime se place avant le verbe, sauf à l'impératif : *tu* ME *donnes un livre, donne-*MOI *un livre.* Lorsqu'il y a deux pronoms régimes, celui qui est régime direct se place le premier : *donne-*LE-LUI, *que ne* LE LUI *donnes-tu pas?*

239. VOUS, employé pour TU, veut le verbe au pluriel ; mais l'adjectif suivant reste au singulier : *vous-*MÊME, — *vous êtes bien* BON.

240. Le pronom LE s'accorde avec le nom dont il tient la place : *êtes-vous la malade? je* LA *suis;* — *êtes-vous les envoyés? nous* LES *sommes.* Mais LE ne prend ni genre ni nombre, quand il tient la place d'un adjectif ou d'un adverbe : *madame, êtes-vous malade? je* LE *suis;* — *travaillez autant que vous* LE *pouvez.*

241. Le pronom SOI, appliqué aux personnes, ne s'emploie, sauf quelques cas rares, qu'après un sujet vague et indéterminé, tel qu'un pronom indéfini ou un infinitif : CHACUN *a pensé à* SOI ; *ne* PENSER *qu'à* SOI, *c'est être égoïste.* Quand on le dit des choses, SOI se rapporte à un sujet déterminé : UN BIENFAIT *porte sa récompense avec* SOI.

242. Les pronoms CELUI-CI, CELLE-CI, CECI, s'emploient pour désigner ce qui est le plus proche ; les pronoms CELUI-LÀ, CELLE-LÀ, CELA, pour désigner ce qui est le plus éloigné. — Dans le discours, ce qui est le plus proche est ce dont on a parlé en dernier lieu : *nous avons à étudier la géographie et la grammaire : nous commencerons par* CELLE-CI, *c'est-à-dire, par la grammaire.*

243. Le pronom QUI, régime d'une préposition, ne s'emploie que pour les personnes, ou choses personnifiées : *l'homme, les hommes* A QUI *j'ai parlé; belle contrée* A QUI *je dis adieu !* Pour les choses non personnifiées, on doit dire *auquel, duquel, à laquelle, de laquelle,* pronoms que l'on peut aussi employer pour les personnes quand le sens le demande.

---

place-t-il après le verbe? — 238. Où se place le pronom personnel régime? — Quelle règle faut-il suivre quand il y a deux pronoms régimes? — 239. Quelle est la règle de l'emploi de *vous* pour *tu*? — 240. Quelles sont les règles de l'emploi du pronom *le*? — 241. Comment s'emploie le pronom *soi*? — 242. Quel est l'usage des pronoms *celui-ci, celui-là, ceci, cela*? — 243. Comment s'emploie le pronom relatif *qui,*

244. On ne doit pas dire : *c'est à vous* A QUI *je veux parler; c'est de vous* DONT *je veux parler;* mais bien : *c'est à vous, c'est de vous* QUE *je veux parler.*

245 CE, suivi du verbe *être*, veut le verbe au singulier, sauf lorsque le verbe est suivi d'un nom pluriel ou d'un pronom de la troisième personne du pluriel : *c'est moi, c'est toi, c'est lui, c'est nous, c'est vous, ce sont eux, ce sont les miens, ce sont les anciens.*

246. CHACUN, suivi du pronom ou de l'adjectif possessif, le veut tantôt au singulier, tantôt au pluriel : au singulier, quand il n'y a pas de pluriel énoncé, ou quand *chacun* est après le régime direct du verbe : *chacun aura* SON *tour ; chacun aura le* SIEN *; ils apportèrent des offrandes au temple, chacun selon* SES *moyens ;* — au pluriel, quand *chacun*, précédé d'un pluriel, se trouve avant le régime direct ou que le verbe n'est pas susceptible de ce régime : *ils ont rempli chacun* LEUR *devoir, ils s'en allèrent chacun de* LEUR *côté.*

247. PERSONNE, pronom indéfini, est toujours masculin : *personne ne serait assez imprudent pour se hasarder...* PERSONNE, substantif, est féminin : *une personne imprudente.*

248. ON est masculin en général, mais il devient féminin lorsqu'il s'applique particulièrement à une femme : *quand on est une jeune fille sensée, on n'est pas sans cesse occupée de frivolités*

249. L'UN L'AUTRE exprime la réciprocité · *ils se soutiennent l'un l'autre.* Lorsque, dans cette expression, *l'autre* est régime indirect, il faut le faire précéder de la préposition qui lui convient : *ils se sont séparés l'un* DE L'AUTRE *, ils se sont nui l'un* A L'AUTRE.

V. DU VERBE.

250. COLLECTIF SUJET. — Lorsque le verbe a pour sujet un nom collectif, il se présente certaines difficultés sur lesquelles il importe que l'attention soit fixée, et qu'on résoudra en se rendant bien compte du sens véritable que le collectif présente.

Tout collectif désigne un ensemble d'individus; mais l'action exprimée par le verbe dont le collectif est le sujet est attribuée tantôt à l'ensemble, tantôt aux individus qui le composent, ce qui fait que le verbe doit être tantôt au singulier, tantôt au pluriel. Ainsi l'on dira : *une foule de gens se* DISPU-TAIENT, parce que l'action de disputer doit être attribuée aux individus composant la foule , on dira, au contraire : *une foule de soldats* A FAILLI *l'écraser en lui passant sur le corps,* parce que l'action d'écraser serait l'effet de la foule prise dans son ensemble.

Voici quelques autres exemples de l'emploi des collectifs :

Un grand nombre d'habitants SE SONT ABSENTÉS, — *un grand nombre d'hommes* EST *nécessaire pour former une armée.*

Une centaine de francs COMPLÉTERA *la somme*, — *une centaine de curieux* SE PROMENAIENT *sur le quai.*

La foule des personnes arrivées ne POUVAIT *être contenue dans le local*, — *le trop grand nombre des avis* EST *nuisible dans les circonstances pressantes*, etc.

251. Le collectif est appelé *général* , quand il désigne un tout complet : *la foule des fidèles sortait de l'église* , — *une foule de soldats remplit tout-à-coup la rue; il est appelé *partitif*, quand il ne désigne qu'une partie d'une collection plus grande : *une foule d'enfants jouaient devant l'école.* Le collectif partitif équivaut aux adverbes *peu, beaucoup.*

252. *La plupart* , et les adverbes *peu, beaucoup*, etc., expriment un sens partitif : *la plupart des enfants* SONT *légers* , — *peu d'hommes* ONT *répondu*, etc.

253. COMPLÉMENTS DU VERBE. — Lorsque l'action exprimée par deux verbes s'exerce sur un même objet, le nom qui désigne cet objet ne peut servir de complément commun que lorsque la nature des deux verbes le permet. Ainsi l'on pourra dire : *ce général assiégea et prit la ville* , mais non *assiégea et*

vent se présenter quand le verbe a pour sujet un nom *collectif*? — Donnez quelques exemples de l'emploi des collectifs — 251. Distinguez le collectif *général* du collectif *partitif.* — 252. Quels adverbes se rapprochent, pour le sens, des collectifs partitifs?— 253. Qu'arrive-t-il lorsque l'action exprimée par deux verbes s'exerce sur le même objet? —

8

s'empara de la ville, parce que *ville* doit être régime direct de *assiégea* et régime indirect de *s'empara*. Il faudra dire, dans ce dernier cas : *assiégea la ville et s'en empara.* De même, on ne doit pas dire : *beaucoup de personnes sont entrées et sorties de cette maison*, mais bien : *sont entrées dans cette maison et en sont sorties*, puisque *entrer* et *sortir* veulent une préposition différente

254. EMPLOI DES TEMPS DU VERBE. — Le présent s'emploie au lieu de l'imparfait, quand il s'agit d'une chose qui a lieu dans tous les temps : *je savais que le mensonge n'*EST *pas permis*, et non : *n'*ÉTAIT *pas permis.*

255 L'emploi du passé défini doit être distingué avec soin de celui du passé indéfini. Le passé défini ne peut s'employer que pour exprimer une action faite dans une période entièrement écoulée : *je vis cet homme hier, le mois dernier, l'an dernier;* on ne peut jamais dire : *je le vis ce matin, cette semaine, cette année* Le passé indéfini exprime une action faite dans un temps passé, que la période où l'on place cette action soit entièrement écoulée ou non : *je l'ai vu ce matin, hier, le mois dernier, l'an dernier*, etc.

256. L'emploi du subjonctif mérite aussi de fixer l'attention. Après le présent ou le futur de l'indicatif, on emploie le présent du subjonctif pour exprimer une action présente ou future, et le passé du subjonctif pour exprimer une action passée : *je doute, je douterai que vous consentiez*, ou *que vous ayez consenti.* Après l'imparfait, les passés, le plus-que-parfait et les conditionnels, on emploie l'imparfait du subjonctif pour marquer un temps présent ou futur, et le plus-que-parfait pour marquer un temps passé : *je doutais, j'ai douté, j'eus douté, j'avais douté, je douterais, j'aurais douté que vous consentissiez* ou *que vous eussiez consenti.*

257. On emploie quelquefois des temps *surcomposés*, qui ne se trouvent pas dans le tableau des conjugaisons parceque leur emploi est assez rare. En voici des exemples : *dès que* J'AI EU FINI, *je suis revenu, si* J'AVAIS EU FINI, *je serais revenu;* — *quand* IL AURA EU FINI, *il sera reparti;* — *pour repartir,*

---

254. Dans quel cas le *présent* s'emploie-t-il au lieu de l'*imparfait?* —
255 Distinguez l'emploi du *passé défini* de celui du *passé indéfini*
256. Dans quels cas emploie-t-on le *présent* ou les *passés du subjonctif?*
— 257. Qu'est-ce que les temps *surcomposés?* — Donnez-en des exem-

il faudrait QU'IL L'ÛT EU FINI; etc. — Ces temps s'appellent *surcomposés*, parce que le verbe auxiliaire *avoir* y est employé lui-même à ses temps composés.

VI. DU PARTICIPE.

258. Nous avons donné les règles de l'accord du participe passé avec son sujet ou avec son régime. Nous ajouterons ici une remarque sur le participe passé suivi d'un infinitif. Dans ces phrases : *les livres que j'ai* ENTENDU *lire*, — *les élèves que j'ai* ENTENDUS *lire*, — qui sont de construction semblable, nous observons que, d'un côté, le participe *entendu* est variable, tandis que de l'autre il ne l'est pas : c'est que, dans le premier exemple, le pronom relatif *que* dont il est précédé n'est pas son régime, mais celui du verbe *lire;* tandis que, dans le second exemple, ce pronom est régime du participe *entendu :* on a *entendu les élèves*, on a entendu *lire les livres.*

259 Le participe présent est quelquefois employé comme adjectif; et alors on l'appelle adjectif *verbal*, c'est-à-dire, *tiré du verbe.* L'adjectif verbal est variable comme tout autre adjectif, tandis que le participe présent est invariable : *la lionne dormant dans son antre*, — *l'eau dormante.* Il n'exprime qu'un état, et ne peut prendre les régimes du verbe, tandis que le participe présent exprime une action et peut prendre les régimes · *un cheval mordant son frein*, — *un discours mordant.* On distinguera aussi l'adjectif verbal, en ce qu'il peut aisément se remplacer par un autre adjectif : *l'eau dormante, tranquille, paisible.*

VII. DE L'ADVERBE.

260. DAVANTAGE a le même sens que PLUS, mais on ne peut pas l'employer, comme *plus*, avec *de, que.* Ainsi l'on dira bien · *cet enfant est zélé, et son frère l'est encore plus, ou davantage;* mais ce serait une faute de dire : *son frère l'est davantage que lui,* tandis qu'on peut dire : *son frère l'est plus que lui.* De même, on dit : *j'ai plus de livres que vous*, et l'on ne peut dire : *j'ai davantage de livres.*

261. Nous ferons la même remarque pour AUPARAVANT et AVANT.

262. AUTOUR, ordinairement préposition : *autour de nous, autour de la ville*, est quelquefois adverbe : *regarder tout autour*. ALENTOUR est toujours adverbe, et ne peut être suivi de la préposition *de*.

263 PLUTÔT, qui marque la préférence, ne doit pas être confondu avec PLUS TÔT, comparatif de TÔT. On n'écrit pas *le plutôt possible*, mais bien *le plus tôt possible*.

VIII. DE LA PRÉPOSITION.

264. Il ne faut pas confondre PRÈS DE avec PRÊT A. *Près de* signifie *sur le point de; prêt à* signifie *disposé à*. On dira donc : *cet homme est près de mourir*, pour exprimer que sa mort est proche, et : *cet homme est prêt à mourir*, pour exprimer qu'il est disposé à mourir.

IX. DE LA CONJONCTION.

265. Un certain nombre de conjonctions veulent au subjonctif le verbe qui suit ; ce sont : SOIT QUE, SANS QUE, SI CE N'EST QUE, QUOIQUE, JUSQU'A CE QUE, ENCORE QUE, A MOINS QUE, POURVU QUE, SUPPOSÉ QUE, AU CAS QUE, AVANT QUE, NON PAS QUE, AFIN QUE, DE PEUR QUE, DE CRAINTE QUE.

266. La conjonction QUE est la plus employée. Elle termine toutes les locutions conjonctives, et, de plus, elle sert à éviter la répétition des conjonctions déjà énoncées. Cette conjonction veut le verbe tantôt à l'indicatif, tantôt au subjonctif . *je* CROIS *que vous* RÉUSSIREZ, — *je* DOUTE *que vous* REUSSISSIEZ, — QUAND *on est robuste et que l'on* VEUT *travailler*, — SI *l'on est robuste et que l'on* VEUILLE *travailler*, etc. L'emploi du subjonctif a lieu en général lorsqu'il y a quelque doute ou quelque souhait exprimé.

267. Il ne faut pas confondre la conjonction QUOIQUE avec l'expression QUOI QUE, renfermant le pronom *quoi* et la conjonction *que* qui doivent demeurer distincts, comme dans cet

exemple : *quoi que vous fassiez*, c'est-à-dire, *quelque chose que vous fassiez.*

268 De même, PARCE QUE, conjonction indiquant un motif, et s'écrivant en deux mots, doit être distingué des mots *par ce que*, employés comme dans cet exemple : *j'ai jugé par ce que j'ai vu;* nous trouvons là trois mots distincts : la préposition *par*, le pronom démonstratif *ce* et le pronom relatif *que.*

269 QUAND, conjonction employée dans le sens de *lorsque*, ne doit pas être confondu avec QUANT A, préposition, qui s'écrit avec un *t* final.

CHAPITRE XII.

REMARQUES SUR LA PRONONCIATION.

270. L'*a* ne se prononce pas dans les mots *août*, *taon*, *Saône.*

271. Le *c* ne se prononce pas dans *tabac*, *estomac*. Il se prononce comme *g* dans *second.*

272. Le *d* se prononce comme *t* à la fin des mots : *grand homme*, *froid excessif*, *apprend-il*, etc.

273. L'*e* a le son de *a* dans *enivrer*, *enorgueillir*. L'Académie lui donne aussi le même son dans *hennir* et dans *indemnité*. *OEil*, *orgueil*, se prononcent comme s'il y avait : *œuil*, *orgueuil.*

274. *Gn* a une prononciation mouillée : *ignorer*, *signe*, *gagner*, etc. Cependant les deux consonnes *g n* se prononcent dans quelques mots, tels que *stagnation*, *ignition*, etc. — Dans les mots : *signet*, *legs*, *faubourg*, le *g* est nul. Dans *bourg*, il a une prononciation analogue à celle du *k*. A la fin de certains mots où il ne se prononce pas, tels que *sang*, *rang*, il sonne comme *k* devant un mot qui commence par une voyelle ou une *h* muette : *sang illustre*, *rang élevé.*

Distinguez l'emploi de la conjonction *quoique* de celui des deux mots *quoi que.* — 268. Distinguez l'emploi de la conjonction *parce que* de celui des trois mots *par ce que.* — 269. Distinguez **quand** de *quant a.* — 270 à

275. L'*h*, aspirée dans *héros*, ne l'est pas dans ses dérivés *héroïne*, *héroïque*, *héroïquement*, *héroïsme*.

276. L'*i* ne se prononce pas dans *oignon*.

277 L'*l* a une prononciation mouillée avec les diphthongues *ai*, *ei*, *oui* : *détailler*, *corbeille*, *bredouiller*, *détail*, *réveil*, *fenouil;* ainsi que dans les mots *œil*, *orgueil*, etc. L'*l* est aussi mouillée avec l'*i* simple dans certains mots, tels que : *briller*, *fille*, etc., à la fin des mots *péril*, *mil*, et dans le mot *gentilhomme*, qui fait au pluriel *gentilshommes* (prononcez *gentizhommes*).

278. L'*m* ne se prononce pas dans *condamner*, *automne*. Cependant il se prononce dans *automnal*.

279. L'*o* ne se prononce pas dans les mots *paon*, *faon*.

280. Le *p* ne se prononce pas dans *dompter*, *baptême*, ni dans leurs dérivés.

281. L'*s* entre deux voyelles se prononce comme *z: maison*, *plaisance;* sauf dans certains mots, tels que : *préséance*, *désuétude*, *vraisemblable*, *parasol*, qui sont réellement formés de deux mots. — Il se prononce aussi comme *z*, quoique précédé d'une consonne, dans *balsamique*, *transaction*, *transit*.

282. L'*u*, ainsi que nous le savons, ne se prononce pas en général après *g* ni après *q*. Cependant il y a exception pour certains mots, tels que : *aiguille*, *aiguiser*, *arguer*, *inextinguible*, — *équestre*, *équation*, *équitation*, *équilatéral*, *aquatique*, etc.

283. L'*x* se prononce de diverses manières : comme *cs* dans *maxime*, *Alexandre*, etc.; comme *cz* dans *Xavier*, *exiger*, etc.; comme *ss* dans *Bruxelles*, *soixante*, etc.; comme *z* dans *dixième*, *dixain*, etc.

284. Il arrive souvent que des consonnes sont redoublées. Ce redoublement n'a ordinairement pour effet que de rendre brève la voyelle qui précède, et de donner à l'*e* la prononciation ouverte : *sonne*, *ville*, *jette*, *prenne*, *accord*, *comme*, etc. Dans certains cas, le redoublement est sensible à la prononciation, par exemple dans : *illustre*, *imminent*, *addition*.

285. Ordinairement, la consonne finale des mots sonne avec la voyelle qui commence un mot suivant. Cependant il y a des cas où cela n'a pas lieu, et que l'on apprendra par l'usage. Il y en a aussi où la consonne finale ne se prononce pas devant la voyelle du mot suivant, et se trouve remplacée par celle qui la précède : *respect humain*, *aspect imposant*, se prononcent : *respec humain*, *aspec imposant*.

286. L'usage fera connaître les autres particularités de la prononciation, et le sentiment de l'harmonie sera le meilleur guide dans les cas où la prononciation n'est pas encore bien fixée.

CHAPITRE XIII.

DE L'ORTHOGRAPHE.

287. Les mots dont la langue se compose, et que la parole énonce de vive voix, peuvent être représentés exactement par l'écriture, au moyen des lettres de l'alphabet et de quelques signes accessoires que nous avons mentionnés au commencement de cet ouvrage. Employer convenablement ces lettres et ces signes, s'appelle *bien orthographier* L'orthographe d'un mot, c'est l'ensemble des signes qui le représentent par écrit ; on a aussi donné le nom d'*orthographe* à l'art de bien orthographier.

288. Un grand nombre de mots étant sujets à varier suivant leurs différents emplois, leur orthographe suit naturellement ces variations; et nous avons trouvé, dans l'étude des parties du discours, les règles à suivre pour bien écrire, dans toutes leurs variations, les mots dont l'orthographe primitive est donnée, c'est-à-dire, pour trouver ce qu'on appelle leur orthographe *relative*. Il reste à nous faire une idée des lois suivant

___

des consonnes ? — 285 Comment sonne la consonne finale des mots suivis d'une voyelle ou d'une *h* muette? —Qu'observez-vous à cet égard pour *aspect* et *respect?* — 286 Quel est le meilleur guide dans les cas où la prononciation n'est pas encore bien fixée ? — 287 Qu'est-ce que *bien orthographier ?* — Quelles sont les significations du mot *orthographe?* — 288. Qu'entend-on par orthographe *absolue* et orthographe *relative?* — Qu'y a-t-il à observer en général pour les lois de l'ortho-

lesquelles se forme cette orthographe primitive, indépendante des modifications grammaticales, et qu'on appelle leur orthographe *absolue*. Pour que notre idée soit juste, observons, avant tout, que, vu les origines diverses de la langue française et les particularités toutes spéciales propres à son génie, ces lois sont tellement complexes qu'elles ne peuvent être exposées d'une manière entièrement méthodique. Il n'en est pas moins utile, ici comme en toutes choses, de reporter autant qu'on le peut la pratique vers les principes, afin de bien reconnaître de quel genre sont les difficultés, et de s'arrêter aux moyens les plus simples pour les vaincre.

289. Ainsi que nous l'avons vu, les différents sons de la parole sont représentés par les voyelles, simples ou composées, jointes ou non à des consonnes qui marquent les diverses articulations. De la combinaison naturelle des voyelles et des consonnes résulte une variété de syllabes, à l'aide desquelles celui qui connaît les lettres, et les accents qui affectent certaines d'entre elles, peut orthographier un assez grand nombre de mots lorsqu'il entend prononcer purement et distinctement. Ainsi, par exemple, les mots tels que *soc*, *sol*, *mur*, *peu*, *dire*, *défi*, *meuble*, *montre*, *obscur*, *valeur*, *surdité*, *éveillé*, *principal*, *dictateur*, *bataillon*, *abandon*, etc., etc., seront facilement orthographiés par celui dont l'oreille est attentive à une bonne prononciation ; et leur orthographe sera retrouvée sans peine par quiconque l'aura vue une fois.

290. Mais l'esprit est bientôt arrêté par des difficultés de plus d'un genre. Ainsi, il trouve d'abord que le même son ou la même articulation s'écrit souvent de plusieurs manières différentes. Par exemple : le son *o* dans *aurore*, *eau*, *hôte*, etc., le son *in* dans *chemin*, *examen*, *plein*, *main*, etc. ; le son *an* dans *abondance*, *prudence*, *paon*, etc. ; l'articulation *s* dans *compréhension*, *face*, *arçon*, *passons*, etc.; l'articulation *z* dans *maison*, *gazon*, etc.; l'articulation *c* dans *fabricant*, *marquant*, *kirielle*, *choléra*, etc. ; l'articulation *x* dans *réflexion*, *action*, *succéder*, *czar*, etc. A la fin de certains mots, nous voyons le son s'écrire simplement par la voyelle articulée ou non qui le représente, tandis qu'à la fin

de certains autres, cette voyelle et cette articulation sont suivies de certaines lettres qui ne se prononcent pas : *la*, *las*,
prélat, *draps*, *lacs* ; — *court*, *cours*, *sourd* ; — *for*, *fort*,
lors, *porc*, *remords* ; — *bilan*, *camp*, *sang*, *dans*, *hareng*,
exempt, etc. Certaines finales en *e* muet sonnent comme d'autres qui n'ont qu'une consonne sans *e* muet : *éclair*, *fer*, *faire*,
— *leur*, *demeure*, etc. Les consonnes se redoublent souvent
dans les mots, sans que la prononciation puisse donner
l'idée de ce redoublement : *accord*, *apporter*, *apprendre*,
affreux, *attendre*, etc., etc.

291. Ces variétés, dont plusieurs semblent bizarres au premier abord, ne sont cependant que le résultat naturel des
origines des mots, et du travail de leur formation par l'u-
sage. Différentes causes, que domine le génie propre à la langue, influent sur les mots dans cette transformation ; et c'est
en tenant compte de ces causes et de ce génie, que les auto-
rités littéraires parviennent à fixer l'orthographe des mots et à
en régler l'usage. L'Académie française a réuni dans son Dictionnaire, lequel doit être regardé comme la loi du langage
français, les mots qui lui ont paru devoir être admis dans la
langue, avec l'orthographe qu'elle a jugé leur convenir. C'est
à cette source qu'il faut recourir chaque fois que l'on est incertain sur l'orthographe d'un mot. En effet, l'on comprend
aisément qu'il n'est pas possible de donner dans une grammaire un ensemble de règles embrassant une variété aussi
prodigieuse, et soumise à tant d'influences diverses. Néanmoins
certaines remarques générales, s'appliquant à de grandes
quantités de mots, permettent de réduire de beaucoup les
cas où l'on se trouve embarrassé. Ces remarques portent sur
les mots dérivés les uns des autres, sur les terminaisons en *e*
muet, sur le redoublement des consonnes dans les mots, et sur
quelques autres points. Nous allons les exposer brièvement ;
après quoi nous parlerons de l'emploi des signes dits *orthographiques*, tels que les *accents*, le *tréma*, la *cédille*, etc.,
et des lettres *majuscules*.

D'où viennent les variétés d'orthographe de syllabes qui ont un même
son ? — A quelle source faut-il recourir lorsqu'on est incertain sur l'orthographe d'un mot ? — Sur quels points d'orthographe absolue a-t-on pu
établir des règles générales ? — Qu'appelle-t-on *signes orthographiques* ?

MOTS DÉRIVÉS.

292. Les consonnes orthographiques qui se trouvent à la fin de certains mots où elles ne se prononcent pas, se retrouvent en général dans les dérivés de ces mots, et là elles se prononcent, de sorte qu'on peut les y saisir. Ainsi, les mots *bord, champ, récit, début, drap, magistrat*, donnent naissance aux mots *border, champêtre, réciter, débuter, draper, magistrature*, dont chacun contient la consonne finale du mot dont il est formé, devenue sensible à la prononciation. Il suffit évidemment, dans les cas de ce genre, de se rappeler quelque dérivé du mot qu'on veut écrire, pour en trouver la consonne finale. Or, il y a des milliers de mots dont l'orthographe finale peut se déterminer de cette manière ; et on le concevra facilement si l'on se rappelle combien de verbes se forment des substantifs, combien de substantifs se tirent des verbes, combien de substantifs donnent naissance à d'autres substantifs ou à des adjectifs, etc : sans compter la formation du féminin, qui rend sensible devant l'*e* muet la finale du masculin : *défait, défaite ; exquis, exquise ; las, lasse*, etc.

293. Parmi les exceptions à cette règle, nous citerons : *legs, léguer ; relais, relayer ; velours, velouté ; apostat, apostasier ; habit, habiller ; dépôt, déposer ; nid, nicher ; dissous, dissoute*, etc. Il y a, de plus, bien des mots auxquels on ne trouve pas de dérivés. Ces exceptions paraîtront nombreuses sans doute, mais si l'on songe à la multitude immense des mots qui se conforment à la règle, on reconnaîtra à celle-ci une grande valeur.

294. Observons, de plus, que les mots s'écrivent de la même manière que leurs dérivés dans les syllabes qui ont le même son : ainsi le son *an* s'écrit par *a* dans *abondant* comme dans *abondance ;* par *e* dans *prudent* comme dans *prudence.* Nous ferons remarquer ici que la prononciation latine éclaire, dans ces cas, l'orthographe des noms français tirés du latin : dans *abundantia, prudentia, an* et *en* se prononcent dif-

---

— 292 et 293. Qu'observe-t-on au sujet des consonnes orthographiques dans les mots qui *dérivent* les uns des autres ? — Donnez une idée de l'importance de cette règle — Citez des exceptions — 294 Qu'observe-t-on au sujet des syllabes qui ont le même son dans les mots qui dérivent les uns des autres ? — Quelle est l'utilité de l'*étymologie* en

féremment. Cette utilité de la connaissance des langues anciennes dans l'étude de la langue française, est sensible aussi dans les cas où l'orthographe est basée sur l'étymologie grecque, comme dans les mots *arrhes*, *rhétorique*, *hypothèse*, etc.

295. Les dérivés des verbes en *quer* présentent une particularité assez remarquable : ces verbes, qui conservent la consonne *q* à tous leurs temps et modes, y compris le participe présent, la changent en *c* devant *a* dans leurs dérivés. Ainsi, *fabriquer*, dont le participe présent est *fabriquant*, a pour dérivés les substantifs *fabricant*, *fabrication*, qui s'écrivent avec un *c*. *Indiquer*, *communiquer*, etc , font *indication*, *communication*, etc. Cependant on écrit par un *q* les dérivés *attaquable*, *critiquable*, *immanquable*, *marquant*, *remarquable*, *risquable*.

TERMINAISONS EN *e* MUET.

296. On écrit avec un *e* muet final les noms féminins terminés par :

Le son AI *claie*, *craie*, *paie*, *baie*, etc., il n'y a d'exception que pour le nom *paix*

Le son É : *épée*, *rosée*, *pensée*, *travée*, *pincée*, etc. Sont exceptés les noms féminins en *tié*, comme *amitié*, *pitié*, et ceux en *té*, comme *charité*, *bonté*, sauf les noms formés du féminin de participes présents, comme *montée*, *dictée*, etc., et certains autres tels que *charretée*, *pelletée*, etc., qui expriment une idée de contenance.

Le son I : *vie*, *patrie*, *garantie*, etc. Exceptions : *fourmi*, *brebis*, *perdrix*, *nuit*, *merci*.

Le son U : *statue*, *rue*, *berlue*, etc. Exceptions : *vertu*, *tribu*, *glu*, *bru*.

Le son EU : *lieue*, *queue*, etc., sans exception.

Le son OI : *joie*, *proie*, *voie*, etc. Exceptions : *croix*, *voix*, *poix*, *paroi*, *loi*, *foi*, *fois*

Le son OU : *proue*, *boue*, *joue*, etc. Exception . *toux*.

Observons que ces terminaisons ne se rencontrent que dans

---

pareil cas ? — 295 Quelle particularité présentent les dérivés des verbes en *quer* ? — 296. Quels noms féminins écrit-on avec un *e* muet final ? — Quels noms féminins terminés par les sons *ai*, *e*, *i*, *u*, *eu*, *oi*, *ou*, s'écrivent sans *e* muet ? — Quels noms masculins s'écrivent en *ee* et en *ie* ? — 297.

des noms féminins, sauf celles en *ée* et en *ie*, qui comptent quelques noms masculins : *trophée, pygmée, musée, mausolée, athée, caducée, colysée, élysée, hyménée, coryphée, athénée, lycée, apogée, périgée, scarabée ; génie, incendie, impie, amphibie, parapluie.*

L'e muet termine aussi les noms féminins finissant par les sons articulés *al, ol, ul, ir, oir, ur*, comme *sandale, parole, bascule, cire, gloire, culture.*

REDOUBLEMENT DES CONSONNES.

297. Les consonnes *h, j, q, v*, ne se redoublent jamais. Lorsque la consonne *q* doit être redoublée, on obtient cet effet en la faisant précéder d'un *c : acquérir, acquitter.*

298 Les consonnes *b, d, g*, ne se redoublent que dans un petit nombre de mots : *abbaye, abbé, rabbin, sabbat, gibbeux ;* — *reddition, addition, adduction*, et les dérivés de ces deux derniers ; — *suggérer, agglomérer, aggraver, agglutiner*, et leurs dérivés.

299. Parmi les mots qui présentent le redoublement des consonnes, nous citerons ceux qui commencent par *dif, of, suf, ef*, dans lesquels la consonne *f* se redouble toujours sans exception, et ceux qui commencent par *af, il, com, im, ir*, où les consonnes *f, l, m, r*, se redoublent, sauf les quelques exceptions suivantes : *afin, Afrique, île, ilote* et leurs dérivés, — *comédie, comestible, comète, comique, comice, comité ;* — *image, imagination, iman, imiter ;* — *irascible, iris, ironie, iroquois.*

300. Nous signalerons aussi les noms commençant par *op* : dans ceux-ci il n'y a que *opprobre, opportun, opprimer, oppresser*, et leurs dérivés, qui redoublent le *p*.

301. On ne redouble pas la consonne :

1° Après un *e* muet : *acheter, appeler*, etc.

Quelles consonnes ne se redoublent jamais ? — Comment obtient-on l'effet du redoublement pour la consonne *q* ? — 298 Dans quels mots se redoublent les consonnes *b, d, g* ? — 299 Donnez quelques règles relativement au redoublement des consonnes *f, l, m, r.* — 300. Qu'observe-t-on pour l'orthographe des noms qui commencent par *op* ? — 301. Dans quels cas ne redouble-t-on pas la consonne ? — 302. Comment s'écrit

2° Après une voyelle portant un accent : *même*, *éliminer*, *éfaufiler*, *châtain*, etc. Exception : *châsse* et ses dérivés.

3° Après un son nasal, sauf dans le mot *ennoblir*. Dans les autres mots où l'*n* est doublé, le son nasal change de nature : *année*, *anniversaire*, *inné*, *innovation*.

REMARQUES DIVERSES.

302. Devant *b* ou *p*, tout son nasal se marque par *m*, et non par *n* : *ampoule*, *embarras*, *imprudent*, *combien*, *humble*, etc. Il n'y a d'exception que pour *embonpoint* et *bonbon*.

303. Parmi les noms terminés par le son articulé *eur*, il n'y en a que quatre qui aient un *e* muet final ; ce sont : *heure*, *beurre*, *demeure* et *leurre*.

304. Dans tous les noms dont la terminaison se prononce *ension*, *ention*, le son nasal de l'avant-dernière syllabe s'écrit par *e* : *dimension*, *appréhension*, *attention*, *mention*. — *Expansion* seul s'écrit avec un *a* dans cette syllabe.

305. Parmi les noms terminés en *xion* et en *ction*, terminaisons dont la prononciation est la même, il n'en est que quelques-uns qui s'écrivent avec l'*x* ; ce sont : *complexion*, *connexion*, *flexion*, *fluxion*, et leurs dérivés : les autres s'écrivent avec *ct* : *action*, *section*, *direction*, *injonction*, *déduction*, etc.

DE L'EMPLOI DES SIGNES ORTHOGRAPHIQUES.

306. Ces signes sont : les *accents*, le *tréma*, l'*apostrophe*, la *cédille*, le *trait d'union* et la *parenthèse*.

DES ACCENTS.

307. Nous avons vu qu'il y a trois accents : l'accent *aigu*, l'accent *grave* et l'accent *circonflexe*.

308. L'accent *aigu* ne s'emploie que pour marquer l'*e* fer-

un son nasal devant *b* ou *p* ? — Quelles sont les exceptions ? — 303. Quels sont les noms terminés par le son *eur* qui ont un *e* muet final ? — 304. Que remarque-t-on pour les noms dont la terminaison se prononce *ension*, *ention* ? — 305. Que remarque-t-on pour les noms terminés en *xion* et en *ction* ? — 306. Quels sont les *signes orthographiques* ? — 307. Combien y a-t-il de sortes d'*accents* ? — 308. Quels sont les usages

mé. Dans certains mots, l'*e* fermé s'exprime sans accent, par l'effet de la consonne qui termine la syllabe : *berg*ER, *pi*ED, *courr*Z, etc. L'accent aigu marque l'*e* fermé qui termine lui-même une syllabe. Dans le mot *révéler*, il y a trois *e* fermés, dont les deux premiers sont marqués par l'accent aigu et le troisième par la consonne *r*. L'*s* du pluriel à la fin d'un mot terminé par un *e* fermé, ne dispense pas celui-ci de l'accent.

309. L'*accent grave* s'emploie sur les *e* ouverts qui terminent une syllabe, comme dans *élève*, *problème*, ou qui sont suivis d'une *s* terminant le mot, comme dans *succès*, *progrès*. On sait que l'*e* ouvert s'exprime également par des consonnes, comme dans les mots : *regrets*, *regrette*, etc.

L'*accent grave* s'emploie aussi sur les voyelles *a* et *u*, pour distinguer certains mots de certains autres qui s'écrivent par les mêmes lettres, tels sont · *là*, adverbe et *la*, article féminin; *à*, préposition et *a*, 3ᵉ personne du verbe *avoir*; *où*, adverbe et *ou*, conjonction On l'emploie encore dans les composés de *là* adverbe, et dans *çà*, *deçà*, *déjà*. Il sert aussi à distinguer *dès*, préposition, de *des*, article composé.

310. L'*accent circonflexe* se place, ainsi que nous l'avons vu, sur la plupart des voyelles longues. Nous le remarquons sur tous les adjectifs en ÊME · *suprême*, *extrême*, *même*, etc. (sauf les adjectifs de nombre ordinal, qu'on écrit avec l'accent grave : *deuxième*, *troisième*, etc.), sur l'*i* des verbes en *aître* et en *oître*, à tous les temps où le son *ai* ou *oi* est suivi d'un *t* : *paraît*, *connaît*, *croît*; sur la première et la deuxième personne plurielle du passé défini de tous les verbes . *nous eûmes*, *vous eûtes*, et sur la troisième personne du singulier de l'imparfait du subjonctif : *qu'il eût*, *qu'il aimât*, etc.

On le place sur l'*u* de l'adjectif *mûr*, et sur celui de l'adjectif *sûr*, pris dans le sens de *certain*.

On l'emploie pour distinguer le participe passé *dû* de l'article composé *du*, et pour distinguer *crû*, participe de *croître*, de *cru* participe de *croire*; *mû* prend aussi l'accent circonflexe . ces participes perdent l'accent au pluriel et au féminin : *dus*, *crus*, *mus*; *due*, *dues*; *crue*, *crues*; *mue*, *mues*. Observons que *tu*, participe passé du verbe *taire*, s'écrit sans accent, quoiqu'il puisse être confondu avec *tu*, pronom.

DU TRÉMA.

311. Le tréma s'emploie sur les voyelles *e*, *i*, *u*, lorsqu'une de ces voyelles doit être prononcée séparément de celle qui la précède ou qui la suit : *ambigue, iambe, naïf, Saül*. Sans le tréma, en effet, la prononciation de *ue, ia, ai, au*, dans ces noms, serait la même que dans *figue, diaconat, faire, saule*.

Le tréma ne doit pas être employé, lorsque les voyelles sont distinguées par un accent, comme dans les mots : *réitérer, aérer, poésie*, etc.

DE L'APOSTROPHE.

312. L'apostrophe est employée pour tenir la place des voyelles *a, e, i*, supprimées par élision à la fin de certains mots

313. Nous savons que l'article *le, la*, s'élide devant les mots qui commencent par une voyelle ou par une *h* muette, et que, dans ce cas, l'e est remplacé par l'apostrophe.

314. L'e final se remplace aussi par l'apostrophe, devant une voyelle ou une *h* muette, dans les pronoms *je, me, te, se, le*, dans l'adverbe *ne*, la préposition *de* et la conjonction *que* : *j'évite, j'habite, il m'évite, tu t'habitues, il s'irrite, on l'arrête, ce n'est rien, quoi d'étonnant, qu'il se plaigne, qu'habitué*, etc. — Observons que *le, la*, pronom relatif, ne s'élide pas quand il est après un impératif : *faites-le avertir, donnez-la à votre mère* Observons aussi que *le, la, que, ce* ne s'élident pas devant *oui, onze* : *je crois que oui, le onze, ce onze, la onzième*.

315. L'e muet final de *entre* et de *presque* se remplace par l'apostrophe dans les mots composés seulement . *s'entr'aider, presqu'île* Dans tous les autres cas, il faut, suivant l'Académie, conserver l'e final de ces mots comme de tous les autres

mots en *e* muet. On écrira donc : *entre eux, presque éteint,* etc., et non *entr'eux, presqu'éteint*, etc.

316. L'*e* final de *jusque* se remplace par l'apostrophe devant *à, au, aux, ici.* On écrit quelquefois *jusques* avec une *s* : alors cette consonne finale établit, en se prononçant, la liaison avec la voyelle qui suit.

317. L'*e* final de *puisque, lorsque, quoique,* n'est remplacé par l'apostrophe que devant *il, ils, elles, on, un, une, ainsi.* Devant tous les autres mots, l'*e* reste : *lorsque arrivera l'événement, — puisque attendre est nécessaire, — quoique inévitable,* etc.

318. L'*e* de *quelque* ne se retranche que devant *un, une : quelqu'un, quelqu'une;* mais jamais ailleurs : *quelque autre, quelque idée.*

319. L'adjectif *grand* présente cette particularité que, dans certains cas, l'*e* muet du féminin s'élide et se remplace par l'apostrophe devant des mots commençant par une consonne : *grand'mère, grand'tante, grand'peine, grand'pitié, grand'chose,* etc.

320. La diphthongue *oi*, dans *toi, moi,* s'élide devant *en* après un impératif : *donne-m'en, va-t'en.*

DE LA CÉDILLE.

321. La *cédille*, ainsi que nous le savons, a pour emploi d'adoucir le *c* devant *a, o, u,* partout où les nécessités de la langue l'exigent · *façon, déçu, deçà, ç'a été,* etc. L'emploi de ce signe ne donne lieu à aucune observation particulière.

DU TRAIT D'UNION.

322. Le *trait d'union* se place entre les mots qui n'en font qu'un par leur ensemble : *coffre-fort, chef-d'œuvre, tout-à-coup, tout-courant,* etc.

---

le, la, que, ce, ne s'élident-ils pas ? — Quels sont les seuls cas où s'élide l'*e* muet de *entre* et de *presque?* — celui de *jusque?* — celui de *puisque, lorsque, quoique?* — celui de *quelque?* — 319 Quel cas particulier d'élision présente l'adjectif *grand?* — 320 Dans quel cas s'élide la diphthongue *oi?* — 321. Quel est l'emploi de la *cédille?* — 322 à 330.

323. On le place aussi entre certains mots qui, sans être dans ce cas, se rattachent intimement entre eux par le sens.

324. Ainsi, entre le pronom personnel et le mot *même* : *moi-même, toi-même, nous-mêmes,* etc.

325. Entre le verbe et le pronom sujet dans le cas où celui-ci est placé après : *irai-je, dit-il,* etc. Lorsque, devant *il, elle, on,* le verbe est terminé par une voyelle, on relie le verbe au pronom par un *t* euphonique entre deux traits d'union : *va-t-il, ira-t-elle, a-t-on.*

326. Devant le pronom régime placé après le verbe : *donne-moi, connais-toi, viens-y,* etc. S'il y a deux pronoms dont l'un est régime direct et l'autre régime indirect, on met un second trait d'union : *donne-le-moi.* Mais on écrira : *fais-le moi dire,* parce que *moi* n'est pas régime indirect du verbe *fais,* dont *le* est régime direct, mais bien du verbe *dire* qui le suit, de sorte que rien ne rattache *moi* à *le.* On écrira aussi sans trait d'union . *faites me dire si* etc , parce *me* est régime indirect de *dire* et non de *faites.*

327. Les particules *ci* et *là,* placées avant ou après les mots, s'y relient par le trait d'union quand elles ne peuvent en être séparées par le sens : *ce jour-ci, ce jour-là, ci-dessus, ci-dessous,* etc.

Mais on écrira sans trait d'union : *est-ce là votre mère? que faites-vous là ?* etc.

328. Le trait d'union se place entre la particule *très* et l'adjectif ou l'adverbe dont elle marque le superlatif : *très-bon, très-bien;* mais on .ne l'emploie pas', lorsque *très* est devant une locution adjective ou adverbiale : *très en vogue, très au courant.*

329. On remplace par le trait d'union la conjonction *et* dans les adjectifs de nombre cardinal, depuis dix-sept jusqu'à cent : *dix-huit, vingt-cinq, cinquante-six,* etc., pour *dix et huit, vingt et cinq, cinquante et six,* etc Cependant on laisse en général la conjonction *et* devant *un : vingt et un, trente et un,* etc. , sauf dans *quatre-vingt-un.* Observons que le trait d'union s'emploie aussi dans *quatre-vingts,* quoique ne remplaçant pas la conjonction *et.*

Quel est l'emploi du *trait d'union ?* — Citez les principaux cas particu-

330. Voici encore certaines expressions usuelles où l'on emploie le trait d'union : *là-dessus*, *là-dessous*, *par-ci*, *par-là*, *jusque-là*, *par-dessus*, *par-dessous*, *au-dessus*, *au-dessous*. L'usage apprendra les autres.

DE LA PARENTHÈSE.

331. La *parenthèse* sert à enfermer soit un mot, soit un membre de phrase, que l'on veut mettre en évidence, ou par lequel on veut expliquer le sens du discours sans en compliquer l'enchaînement : *je disais (et certes on ne m'en fera pas un reproche) que* etc. : la parenthèse, on le voit, permet à l'esprit de rapprocher aisément les mots · *je disais... que*, séparés par ce qu'elle contient. — On met aussi entre parenthèse les signes et renvois qui se présentent dans le discours.

DE L'EMPLOI DES LETTRES MAJUSCULES.

332. Pour compléter ces remarques sur l'orthographe, nous devons parler des *lettres majuscules*, dont le bon emploi contribue tant à la clarté et à l'élégance d'un texte écrit.

On emploie une lettre majuscule :

1° Au commencement de toute phrase.

2° Au commencement de tout nom propre : *Alexandre*, *Rome*, *l'Europe*, *le Rhin*, *l'Atlantique*, etc — L'adjectif qui désigne nominativement certaines mers est considéré comme nom propre : *mer Noire*, *mer Rouge*, *mer Glaciale*, etc. — Quand le nom propre est composé de deux mots, tous deux prennent la majuscule : *les Pays-Bas*, *les Etats-Unis*, *Louis-Quatorze*, etc — La majuscule s'emploie aussi quand on désigne un homme par le nom de sa nation · *un Romain*, *un Français*, *une colonie de Français ;* mais lorsque ce nom est employé comme adjectif, il ne prend plus la majuscule : *un soldat romain*, *un soldat français*.

3° Les noms des corps collectifs, comme *l'Eglise*, *l'Etat*, la *Magistrature*, *l'Académie*, ou ceux des êtres abstraits personnifiés, comme dans ces exemples : *sur les ailes du Temps*, —

la Fortune est inconstante, — *la Science est l'ornement de la société*, etc.

4° Le nom DIEU s'écrit toujours avec une majuscule, sauf lorsqu'il est employé pour désigner les divinités de la fable, cas où il devient nom commun On écrit aussi par une majuscule toutes les expressions par lesquelles Dieu est désigné, telles que *le Seigneur*, *le Très-Haut*, *le Tout-Puissant*, *la Providence*, etc.

Les noms des quatre points cardinaux s'écrivent sans majuscule, sauf lorsqu'ils servent à désigner une région ou les peuples qui l'habitent, *l'Orient et son doux ciel*, — *le Nord s'est ligué contre le Midi*.

L'Académie écrit sans majuscule les noms des mois de l'année et des jours de la semaine.

CHAPITRE XIV.

DE L'ANALYSE.

333. Maintenant que nous connaissons les différentes espèces de mots, les modifications dont certains d'entre eux sont susceptibles, et les diverses fonctions qu'ils remplissent dans le discours, il est à propos d'entrer dans quelques considérations sur l'*analyse*, opération qui consiste à décomposer le discours en ses éléments afin de bien se rendre compte du rôle de chacun d'eux.

334. Reconnaître à quelle espèce chaque mot appartient, par quels autres mots il est régi, et, s'il est variable, quel en est le genre, le nombre, la personne, etc., telle est la première et la plus simple recherche de l'analyse · c'est ce qu'on appelle analyser *grammaticalement*, c'est-à-dire, au point de vue de la grammaire proprement dite

335 Analyser le sens du discours, démêler les différentes propositions qui s'y trouvent, décomposer ces propositions en leurs membres, et déterminer le rôle logique que les

mots y remplissent, telle est l'opération plus élevée et plus difficile que l'on nomme *analyse logique*.

DE L'ANALYSE GRAMMATICALE.

336. Pour faire l'analyse grammaticale, il suffit de prendre l'un après l'autre chacun des mots du discours à analyser, et de dire ce qu'il est, en indiquant ses rapports avec les autres mots.

337. Certains mots étant invariables de leur nature, leur analyse consistera à indiquer simplement à quelle partie du discours ils appartiennent : tels sont les *adverbes*, les *prépositions*, les *conjonctions* et les *interjections*.

338. Le *verbe*, qui est le mot le plus important, est aussi celui dont l'analyse présente le plus d'éléments à considérer. Il faut en indiquer l'espèce, le temps, le mode, la personne, le nombre, la conjugaison, on peut, de plus, en énoncer les temps primitifs.

339. Le *nom* pouvant être sujet d'un verbe, complément d'un autre nom, d'un adjectif, d'un verbe, d'une préposition, l'analyse l'examinera à ces points de vue, après en avoir indiqué le genre et le nombre. Quant à *l'article*, elle en indiquera le genre et le nombre, et dira à quel nom il se rapporte.

340. L'*adjectif* s'analysera comme l'article ; on indiquera, de plus, s'il est *qualificatif* ou *déterminatif*, et, dans ce dernier cas, à quelle espèce de déterminatif il appartient.

341. Pour le *pronom*, on mentionnera l'espèce, le nombre, le genre et la personne.

342. Pour le *participe*, si c'est un participe *présent*, il suffira de dire à quel verbe et à quelle conjugaison il appartient ; si c'est un participe *passé*, il faudra indiquer en outre le genre, le nombre et le rapport. Observons que le participe passé joint à un verbe auxiliaire, fait partie d'un temps passé du verbe, et doit alors être analysé comme tel.

343. L'exemple suivant achèvera de donner une idée de l'analyse grammaticale.

EXEMPLE D'ANALYSE GRAMMATICALE.

Je m'enfonçai dans une sombre forêt, et j'aperçus tout-à-coup un vieillard qui tenait un livre dans sa main. Jamais je n'ai vu un si vénérable vieillard. Il s'appelait Termosiris. Il était prêtre d'Apollon, qu'il servait dans un temple de marbre que les rois d'Egypte avaient consacré à ce dieu dans cette forêt. Le livre qu'il tenait était un recueil d'hymnes en l'honneur des dieux.   TÉLÉMAQUE.

Je. . . . . . . Pronom personnel, première personne, masculin, singulier, sujet de *enfonçai.*

m' (pour *me*).. Pronom personnel, prem. personne, masculin, singulier, complément direct de *enfonçai.*

enfonçai . . . Verbe pronominal. indicatif, passé défini, prem. personne du singulier, prem. conjugaison. *Enfoncer, enfonçant, enfoncé, j'enfonce, j'enfonçai.*

dans. . . . . . Préposition.

une . . . . . Adjectif déterminatif de nombre cardinal, féminin, singulier, déterminant *forêt.*

sombre. . . . Adjectif qualificatif, féminin, singulier, qualifiant *forêt.*

forêt. . . . . . Substantif commun, féminin, singulier, complément indirect de *enfonçai.*

et . . . . Conjonction.

j' (pour *je*) . . Pronom personnel, prem. personne, masculin, singulier, sujet de *aperçus.*

aperçus . . Verbe actif, indicatif, passé défini, prem. personne du singulier, 3ᵉ conjugaison. *Apercevoir, apercevant, aperçu, j'aperçois, j'aperçus.*

tout-à-coup. . Locution adverbiale, modifiant *aperçus.*

un . . . . . . Adjectif déterminatif de nombre cardinal, masculin, singulier, déterminant *vieillard.*

vieillard . . . Substantif commun, masculin, singulier, complément direct de *aperçus.*

qui . . . . . . Pronom relatif, 3ᵉ personne du pluriel, mas-

---

culin, sujet de *tenait;* son antécédent est *vieillard.*

tenait . . . . Verbe actif, indicatif, imparfait, 3ᵉ personne du singulier, 2ᵉ conjugaison. *Tenir, tenant, tenu, je tiens, je tins.*

un. . . . . . Adjectif déterminatif de nombre cardinal, masculin, singulier, déterminant *livre.*

livre. . . . . Substantif commun, masculin. singulier, complément direct de *tenait.*

dans. . . . . Préposition.

sa . . . . . . Adjectif déterminatif possessif, féminin, singulier, déterminant *main.*

main . . . . Substantif commun, féminin, singulier, complément indirect de *tenait.*

Jamais. . . . Adverbe, modifiant *ai vu.*

je . . . . . . Pronom personnel, prem. personne, masculin, singulier, sujet de *ai vu.*

n' (pour *ne*). . Adverbe, modifiant *ai vu.*

ai vu . . . . Verbe actif, indicatif, passé indéfini, prem. personne du singulier, 3ᵉ conjugaison. *Voir, voyant, vu, je vois, je vis.*

un. . . . . . Adjectif déterminatif de nombre cardinal, masculin, singulier, déterminant *vieillard.*

si . . . . . . Adverbe, modifiant *vénérable.*

vénérable. . . Adjectif qualificatif, masculin, singulier, qualifiant *vieillard.*

vieillard . . . Substantif commun, masculin, singulier, complément direct de *ai vu.*

Il . . . . . . Pronom personnel, 3ᵉ personne, masculin, singulier, sujet de *appelait.*

s' (pour *se*). . Pronom personnel réfléchi, 3ᵉ personne, masculin, singulier, complément direct de *appelait.*

appelait . . . Verbe pronominal, indicatif, imparfait, 3ᵉ personne du singulier, prem. conjugaison. *Appeler, appelant, appelé, j'appelle, j'appelai.*

Termosiris . . Nom propre, masculin, singulier, désignant la même personne que *se.*

Il . . . . . . Pronom personnel, 3ᵉ personne, masculin, singulier, sujet de *était.*

était. . . . . Verbe substantif, indicatif, imparfait, 3ᵉ personne du singulier, 4ᵉ conjugaison. *Être,*
étant, été, je suis, je fus.

prêtre . . . . Substantif commun, masculin, singulier,
désignant la même personne que *il.*

d' (pour *de*). . Préposition.

Apollon . . . Substantif propre, masculin, singulier, complément de *prêtre.*

qu' (pour *que*). Pronom relatif, 3ᵉ personne, masculin, singulier, complément direct de *servait ;* son
antécédent est *Apollon.*

il . . . . . . Pronom personnel, 3ᵉ personne, masculin,
singulier, sujet de *servait.*

servait. . . . Verbe actif, indicatif, imparfait, 3ᵉ personne
du singulier, 2ᵉ conjugaison. *Servir, ser-*
vant, servi, je sers, je servis.

dans. . . . . Préposition.

un. . . . . Adjectif déterminatif de nombre cardinal,
masculin, singulier, déterminant *temple.*

temple . . . . Substantif commun, masculin, singulier,
complément indirect de *servait.*

de . . . . . . Préposition.

marbre. . . . Substantif commun, masculin, singulier, complément de *temple.*

que . . . . . Pronom relatif, 3ᵉ personne, masculin, singulier, complément direct de *avaient con-*
sacré, son antécédent est *temple.*

les. . . . . . Article, masculin, pluriel, indiquant que *rois*
est pris dans un sens déterminé.

rois . . . . Substantif commun, masculin, pluriel, sujet
de *avaient consacré.*

d' (pour *de*). . Préposition

Égypte. . . . Substantif propre, féminin, singulier, complément de *rois.*

avaient consacré Verbe actif, indicatif, plus-que-parfait,
3ᵉ personne du pluriel, prem. conjugaison.
Consacrer, consacrant, consacré, je consa-
cre, je consacrai. — Le participe passé
s'accorde avec son complément *que,* parce
qué celui-ci le précède.

à . . . . Préposition.

ce . . . . . . Adjectif déterminatif démonstratif, masculin, singulier, déterminant *dieu*.

dieu . . . . . Substantif commun, masculin, singulier, complément indirect de *avaient consacré*.
— Le substantif *dieu* est ici commun, parce qu'il s'agit de l'un des dieux de la fable.

dans. . . . . Préposition.

cette . . . . . Adjectif déterminatif démonstratif, féminin, singulier, déterminant *forêt*.

forêt. . . . . Substantif commun, féminin, singulier, complément indirect de *avaient consacré*.

Le. . . . . . Article, masculin, singulier, indiquant que *livre* est pris dans un sens déterminé.

livre. . . . . Substantif commun, masculin, singulier, sujet de *était*.

qu' (pour *que*). Pronom relatif, 3e personne, masculin, singulier, complément direct de *tenait*.

il . . . . . . Pronom personnel de la 3e personne, masculin, singulier, sujet de *tenait*.

tenait . . . . Verbe actif, imparfait, 3e personne du singulier, 2e conjugaison. *Tenir, tenant, tenu, je tiens, je tins*.

était . . . . . Verbe substantif, indicatif, imparfait, 3e personne du singulier, 4e conjugaison. *Être, étant, été, je suis, je fus*.

un. . . . . . Adjectif déterminatif de nombre cardinal, masculin, singulier, déterminant *recueil*.

recueil . . . . Substantif commun, masculin, singulier, désignant le même objet que *livre*.

d' (pour *de*). . Préposition.

hymnes . . . Substantif commun, masculin, pluriel, complément de *recueil*.

en. . . . . . Préposition.

l' (pour *le*) . . Article, masculin, singulier, indiquant que *honneur* est pris dans un sens déterminé.

honneur . . Substantif commun, masculin, singulier, complément de *hymnes*, ou plutôt d'un participe sous-entendu qui s'y rapporte, tel que : *composés*.

des (pour *de les*) *De*, préposition ; *les*, article, masculin, pluriel, indiquant que *dieux* est pris dans un sens déterminé.

dieux . . . . . Substantif commun, masculin, pluriel, complément de *honneur*.

DE L'ANALYSE LOGIQUE.

344. Le discours, ainsi que nous l'avons dit, se compose de *propositions* qui s'enchaînent, et dont l'expression est variée comme la pensée même qu'elle doit rendre. Ces propositions sont tantôt resserrées, tantôt étendues et amplement développées, de telle sorte qu'il n'est pas toujours facile de les détacher les unes des autres pour les examiner. Distinguer les propositions qui se trouvent dans le discours, c'est la première opération à faire pour l'analyser logiquement.

345. Or, puisque la proposition est l'affirmation d'un jugement que porte l'esprit, et que le verbe est le mot qui exprime l'affirmation, il y aura autant de propositions dans un discours que l'on y rencontrera de verbes à un mode personnel, c'est-à-dire, ayant un sujet, exprimé ou sous-entendu.

346 Ainsi, dans cette phrase : *si vous* TRAVAILLEZ *bien, on vous* RÉCOMPENSERA, il y a deux verbes à un mode personnel (*travaillez, récompensera*) ; il y a donc deux propositions.

347. Dans cette autre : *quand vous* AUREZ FINI *de travailler, on vous* DONNERA *à manger*, nous trouvons quatre verbes, mais comme il n'y en a que deux à un mode personnel (*aurez fini, et donnera*), il n'y a encore que deux propositions, il est évident, en effet, que *de travailler* et *à manger* ne sont que des compléments. Dans cet exemple · *donner aux pauvres* EST *une bonne action*, l'infinitif *donner* est sujet de la proposition ; il n'y qu'un seul verbe à un mode personnel (*est*) ; aussi n'y a-t-il qu'une seule proposition.

348. Au contraire, dans cette phrase : *qu'a-t-il dit? rien,* — il y a évidemment deux propositions, bien qu'il semble au premier abord n'y avoir qu'un verbe. C'est que, si l'on examine le sens du second membre de phrase, on reconnaît que le mot *rien*, qui répond à la demande *qu'a-t-il dit ?* signifie : *il n'*A *rien* DIT ; donc le verbe *dire* est employé là deux fois à un mode personnel : c'est pourquoi l'analyse logi-

---

analyser *logiquement?* — 345. Comment parvient-on à détacher l'une de l'autre les propositions qui se trouvent dans le discours ? — 346 à **348.** Donnez des exemples de cette opération, et des difficultés qu'on

que, qui procède toujours en approfondissant le sens, reconnaît qu'il y a en réalité deux propositions

349. Les propositions étant détachées les unes des autres, il s'agit de les analyser en elles-mêmes.

Prenons la proposition dans sa plus grande simplicité : *Dieu est bon.* Nous trouvons, dans cette proposition, le verbe *est*, le sujet *Dieu*, et le mot *bon* qu'on appelle *attribut*, parce qu'il exprime une qualité *attribuée* au sujet. *Sujet, verbe* et *attribut*, sont les trois éléments logiques de la proposition. Quelque développée ou resserrée que soit une proposition, elle peut toujours, par l'analyse du sens, être ramenée à ces trois éléments.

350. Si l'on dit · *Dieu, créateur des hommes,* EST *le protecteur de leurs travaux,* il n'y a encore là qu'une proposition, puisqu'il n'y a qu'un verbe (*est*); mais nous trouvons pour sujet logique · *Dieu, créateur des hommes,* et pour attribut logique : *le protecteur de leurs travaux.* Il y a lieu, comme on le voit, à analyser le sujet et l'attribut : nous y trouvons que *créateur des hommes* complète l'idée exprimée par le nom *Dieu;* et que *de leurs travaux* complète celle qu'exprime le nom *protecteur : créateur des hommes* sera le *complément* logique du sujet, *de leurs travaux* sera le *complément* logique de l'attribut Dans ce cas, on dit que le sujet ou l'attribut est *complexe,* tandis que, lorsqu'il n'a pas besoin de complément pour exprimer une idée complète, on dit qu'il est *incomplexe.*

Ajoutons ici qu'on appelle *sujet composé* celui qui exprime des êtres d'espèce différente *le soleil et la lune sont brillants;* et *attribut composé* celui qui exprime plusieurs manières d'être du sujet : *cet élève est docile et laborieux : le soleil et la lune* forment un sujet composé, *docile* et *laborieux,* un attribut composé. Lorsque le sujet n'exprime qu'un être ou des êtres de la même espèce pris collectivement, on dit qu'il est *simple.* De même, l'attribut est simple s'il n'exprime qu'une seule manière d'être du sujet

351. Les compléments peuvent être plus ou moins nom-

breux. On les a divisés en plusieurs espèces. Dans certains cas, le complément est une proposition entière, expliquant ou déterminant une des parties de la proposition principale. Quant au verbe, il ne peut avoir de complément, puisqu'il exprime par lui-même une idée complète. Lorsqu'il semble en avoir un, il suffit de bien pénétrer le sens pour voir que ce complément appartient à l'attribut, ainsi, par exemple, si l'on dit : *ce navire est* EN MER, *en mer* est, en réalité, complément d'un attribut sous-entendu (*naviguant, voguant, voyageant*).

352. Dans les propositions que nous venons d'analyser, nous n'avons employé que le verbe *être*. On a vu que c'est le seul verbe, à proprement parler, et qu'il est appelé pour cela *verbe substantif*. Tous les autres, ainsi que nous l'avons dit en traitant de la nature du verbe, ne sont verbes que parce qu'ils renferment l'idée du verbe *être* ; on les appelle *verbes attributifs*, parce qu'ils renferment en même temps l'idée de l'état ou de l'action que l'on attribue au sujet. Cette notion nous rend facile l'analyse des propositions où entrent les verbes attributifs, nous savons, en effet, qu'ils renferment en eux le verbe et l'attribut, et que, par conséquent, l'analyse doit toujours commencer par les décomposer en ces deux éléments

353 Partant de ce principe, si l'on dit : *l'homme travaille*, l'analyse, décomposant le verbe *travaille* en verbe et en attribut, trouvera pour sujet *l'homme*, pour verbe *est*, et pour attribut *travaillant*, participe présent exprimant l'acte de *travailler* comme étant attribué au sujet. Il y a donc là une proposition complète. On décomposera de même : *l'homme a travaillé, l'homme travaillera*, en : *l'homme a été travaillant, l'homme sera travaillant*.

Si l'on dit · *l'homme de bien travaille avec plaisir*, on aura pour sujet *l'homme de bien*, pour verbe *est*, pour attribut *travaillant avec plaisir*. On trouvera donc là un complément au sujet et un complément à l'attribut, c'est-à-dire, que le sujet et l'attribut seront complexes : la décomposition du verbe attributif, en verbe substantif et en attribut, étant faite, l'analyse de ces propositions ne diffère en rien de celles où le verbe substantif lui-même se trouve exprimé.

354 Observons que le sujet d'une proposition ne peut être exprimé que par un nom, un pronom ou un infinitif : *Dieu est bon,* — *je prie,* — *bien vivre est notre devoir;* tandis que l'attribut peut l'être par un nom, un adjectif, un pronom, un participe présent ou passé, ou même un infinitif : *Pierre est un* ÉCOLIER, — *Pierre est* STUDIEUX, — *Pierre est* AIMÉ, — . *Pierre m'aime,* c'est-à-dire *est* AIMANT *moi.* — *Crier n'est pas* RAISONNER.

355 Cette décomposition du verbe attributif en verbe substantif et en attribut, nous montre que lorsqu'il y a deux verbes pour un seul sujet, il n'y a en réalité qu'une seule proposition, puisque les deux verbes se réduisent à un seul ayant un attribut composé : *cet homme lit et écrit,* équivaut à : *cet homme est lisant et écrivant*

356. Il nous reste, pour terminer ce qui concerne l'analyse logique, à considérer la dépendance des propositions entre elles. Pour cela, prenons un exemple composé de plusieurs propositions unies par le sens.

Dieu, qui est tout-puissant, récompensera les hommes qui font leur devoir Dans cette phrase, nous trouvons trois verbes à un mode personnel (*est, récompensera, font*), et, par conséquent, trois propositions : *Dieu récompensera les hommes,* etc., — *qui est tout-puissant,* — *qui font leur devoir.*

L'analyse de chacune de ces propositions, prise en elle-même, se fera aisément d'après les règles données plus haut. Mais il s'agit, de plus, de les désigner d'après leur dépendance entre elles Nous en trouvons une *principale : Dieu récompensera les hommes,* etc., et deux autres : *qui est tout-puissant,* — *qui font leur devoir,* — contenues en quelque sorte dans celle-là, et qu'on nomme *incidentes.*

357. Entre ces deux incidentes, nous remarquons une différence essentielle. La première (*qui est tout-puissant*) n'est

verbe attributif en verbe substantif et en attribut — 354. Par quelles espèces de mots peuvent être exprimés le sujet et l'attribut d'une proposition ? — 355. Comment analyse-t-on les cas ou il y a deux verbes pour un seul sujet ? — 356. Donnez une idée des propositions *incidentes.* — 357. Combien y a-t-il de sortes d'incidentes ? — Qu'est-ce qui les caracté-

qu'*explicative*, et elle pourrait, à la rigueur, être supprimée sans que le sens fût changé ; on dirait : *Dieu récompensera les hommes qui font leur devoir.* La seconde, au contraire (*qui font leur devoir*), est nécessaire pour *déterminer* le sens, si on la supprimait, le sens serait altéré · c'est pourquoi on l'appelle incidente *déterminative*.

358. La proposition incidente est ordinairement reliée par un pronom relatif ou une conjonction à la proposition principale qu'elle complète. Les conjonctions *et*, *ou*, *ni*, *mais*, n'annoncent une incidente que lorsqu'elles sont suivies d'une autre conjonction ou d'un pronom relatif.

359. Toutes les propositions qui ne sont pas incidentes, c'est-à-dire, qui ne rentrent pas comme compléments dans une autre proposition, sont appelées *principales*. Dans cet exemple · *cet élève étudie bien, il sera instruit,* — il y a deux propositions principales · la première sera appelée *principale absolue*, parce qu'elle ne se rapporte à aucune autre, la seconde, *principale relative*, parce qu'elle se rapporte à la première.

360 Lorsque, dans une proposition quelconque, un ou plusieurs mots se trouvent sous-entendus, on dit que la proposition est *elliptique :* ainsi, par exemple, *il combattit comme un lion* est mis pour *il combattit comme un lion combat ; il est plus instruit que son camarade* est pour *il est plus instruit que son camarade n'est instruit ;* de même, dans un exemple cité plus haut, nous avons vu une proposition réduite à un seul mot : *rien*, mis pour *il n'a rien dit.* Lorsque aucun mot n'est sous-entendu, et que la proposition contient tous les mots que le sens indique, on dit qu'elle est *pleine.*

Une proposition entière peut être sous-entendue ; ainsi, lorsqu'on dit : *qui a fait cela?* le sens indique, avant le pronom interrogatif *qui*, une proposition telle que celle-ci : *je demande, je veux savoir.*

361. Lorsque la proposition est contenue tout entière dans un mot qui n'est ni sujet, ni verbe, ni attribut, comme les

lise ? — 358. Comment la proposition incidente est-elle ordinairement reliée à la proposition principale qu'elle complète ? — Quand les conjonctions *et*, *ou*, *ni*, *mais*, annoncent-elles une incidente ? — 359. Quel est le caractère d'une proposition *principale ?* — Combien y a-t-il de sortes de propositions principales ? — 360. Qu'est-ce qu'une proposition *elliptique ?* — Qu'est-ce qu'une proposition *pleine ?* — Citez un

mots *oui* ou *non* , et les interjections, on dit qu'elle est *implicite.*

362. Voici un exemple d'analyse logique , sur le texte que nous avons choisi pour notre analyse grammaticale.

EXEMPLE D'ANALYSE LOGIQUE.

Je m'enfonçai dans une sombre forêt , et j'aperçus tout-à-coup un vieillard qui tenait un livre dans sa main — Jamais je n'ai vu un si vénérable vieillard. — Il s'appelait Termosiris. — Il était prêtre d'Apollon , qu'il servait dans un temple de marbre que les rois d'Égypte avaient consacré à ce dieu dans cette forêt. — Le livre qu'il tenait était un recueil d'hymnes en l'honneur des dieux.

Ce passage peut se décomposer en cinq phrases.

♦1. Je m'enfonçai dans une sombre forêt , et j'aperçus tout-à-coup un vieillard qui tenait un livre dans sa main.

Cette phrase renferme trois propositions ·

Je m'enfonçai dans une sombre forêt. Proposition principale *absolue,* parce qu'elle ne se rapporte à aucune autre. Sujet, *je* , simple et incomplexe, parce qu'il n'exprime qu'un seul être et qu'il n'a aucun complément. Verbe, *fus.* Attribut , *m'enfonçant dans une sombre forêt :* simple, parce qu'il n'exprime qu'une seule manière d'être du sujet ; complexe, à cause des compléments *me* et *dans une sombre forêt.*

J'aperçus tout-à-coup un vieillard. Proposition principale *relative,* parce qu'elle se rapporte à la précédente, à laquelle elle est rattachée par la conjonction *et.* Sujet, *je* , simple et incomplexe, parce qu'il n'exprime qu'un seul être et n'a aucun complément. Verbe , *fus* Attribut, *rencontrant tout-à-coup un vieillard :* simple. parce qu'il n'exprime qu'une seule manière d'être du sujet ; complexe, à cause des compléments *un vieillard,* et *tout-à-coup.*

Qui tenait un livre dans sa main. Proposition incidente *déterminative :* incidente, parce qu'elle tombe sur la précédente pour en développer une partie ; déterminative , parce qu'elle est nécessaire pour préciser le sens de ce qui précède. Sujet. *qui,* simple et incomplexe, parce qu'il n'exprime qu'un seul être et n'a aucun complément. Verbe , *était.* Attribut,

---

exemple où une proposition entière est sous-entendue — 361. Qu'est-ce qu'une proposition *implicite ?* — 362. Donnez un exemple d'analyse

tenant un livre dans sa main : simple, parce qu'il n'exprime qu'une seule manière d'être du sujet ; complexe, à cause des compléments *un livre* et *dans sa main.*

2. Jamais je n'ai vu un si vénérable vieillard.

Cette phrase ne renferme qu'une proposition. Elle est principale *absolue*, parce qu'elle ne se rapporte à aucune autre. Sujet, *je*, simple et incomplexe, parce qu'il n'exprime qu'un seul être et n'a aucun complément. Verbe, *fus*, modifié par la négation *ne*. Attribut, *voyant jamais un si vénérable vieillard :* simple, parce qu'il n'exprime qu'une seule manière d'être du sujet, complexe, à cause des compléments *un si vénérable vieillard* et *jamais.*

3 Il s'appelait Termosiris.

Cette phrase ne renferme qu'une seule proposition. Elle est principale *absolue*, parce qu'elle ne se rapporte à aucune autre. Sujet, *il*, simple et incomplexe, parce qu'il n'exprime qu'un seul être et n'a aucun complément Verbe, *était.* Attribut, *s'appelant Termosiris :* simple, parce qu'il n'exprime qu'une seule manière d'être du sujet, complexe, à cause des compléments *se* et *Termosiris*

4. Il était prêtre d'Apollon, qu'il servait dans un temple de marbre que les rois d'Egypte avaient consacré à ce dieu dans cette forêt.

Cette phrase renferme trois propositions.

Il était prêtre d'Apollon. Proposition principale *absolue*, parce qu'elle ne se rapporte à aucune autre. Sujet, *il*, simple et incomplexe, parce qu'il ne désigne qu'un seul être et n'a aucun complément. Verbe, *était.* Attribut, *prêtre d'Apollon :* simple, parce qu'il n'exprime qu'une seule manière d'être du sujet ; complexe, à cause du complément *d'Apollon*

Qu'il servait dans un temple que, etc. Proposition incidente-*explicative :* incidente, parce qu'elle tombe sur une partie de la proposition précédente pour la développer, explicative, parce qu'elle n'est pas indispensable au sens. Sujet, *il*, simple et incomplexe, parce qu'il n'exprime qu'un seul être et n'a aucun complément. Verbe, *était.* Attribut, *servant lui (que) dans un temple*, etc. : simple, parce qu'il n'exprime qu'une seule manière d'être du sujet ; complexe, à cause des compléments *que* et *dans un temple que*, etc.

Que les rois d'Égypte avaient consacré à ce dieu dans cette forêt. Proposition incidente déterminative : incidente, parce qu'elle tombe sur une partie de la proposition précédente pour la développer, déterminative, parce qu'elle est indispensable pour préciser le sens Sujet, *les rois d'Égypte :* simple, parce qu'il n'exprime qu'une classe d'êtres de la même espèce, complexe, à cause du complément *d'Égypte.* Verbe, *avaient été* Attribut, *consacrant ce temple (que) à ce dieu dans cette forêt :* simple, parce qu'il n'exprime qu'une seule manière d'être du sujet, complexe, à cause des compléments *que, à ce dieu* et *dans cette forêt.*

5 Le livre qu'il tenait était un recueil d'hymnes en l'honneur des dieux.

Cette phrase renferme trois propositions :

Le livre était un recueil d'hymnes en l'honneur des dieux. Proposition principale *absolue*, parce qu'elle ne se rapporte à aucune autre. Sujet, *le livre que*, etc. : simple, parce qu'il n'exprime qu'un seul objet, complexe, à cause de l'incidente déterminative *qu'il tenait*. Verbe, *était*. Attribut, *un recueil d'hymnes en l'honneur des dieux :* simple, parce qu'il n'exprime qu'une seule manière d'être du sujet, complexe, à cause du complément *d'hymnes en l'honneur des dieux*.

Qu'il tenait. Proposition incidente déterminative : incidente, parce qu'elle tombe sur le sujet de la proposition principale pour le développer, déterminative, parce qu'elle est indispensable pour préciser le sens Sujet, *il*, simple et incomplexe, parce qu'il n'exprime qu'un seul être et n'a aucun complément Verbe, *était*. Attribut, *tenant*, simple et incomplexe, parce qu'il n'exprime qu'une seule manière d'être du sujet et n'a aucun complément.

363. On voit aisément, d'après ce qui précède, comment un discours, quelque étendu et compliqué qu'on le suppose, peut être décomposé en ses différentes phrases, celles-ci en leurs propositions, et chaque proposition en ses éléments les plus simples. On comprend aussi quelle vigueur un tel exercice donne à l'étude et au maniement de la langue. Pratiqué

364. A quoi sert la *ponctuation* ? — Quels sont les signes de ponctua-

avec la largeur de vue qu'exige ce travail dans une langue qui présente tant de façons de parler qui lui sont propres, il fait pénétrer l'esprit de plus en plus profondément dans le style des auteurs, et l'aide à se rendre compte des effets que ce style produit.

CHAPITRE XV.

DE LA PONCTUATION.

364. Après les notions sur les parties du discours et sur leur disposition en phrases, viennent naturellement se placer les règles de la ponctuation, qui indique par certains signes la séparation des phrases et de leurs différentes divisions.

Les signes de ponctuation sont le *point* (d'où la *ponctuation* a tiré son nom), les *deux-points*, la *virgule*, le *point-virgule*. A ces quatre signes il faut ajouter le *point d'interrogation* et le *point d'exclamation*, dont le nom indique l'emploi spécial.

365. Le POINT ( ) se place après toute phrase pour indiquer un sens entièrement fini.

366. Les DEUX-POINTS (·) se placent après une proposition dont le sens est fini, mais dont la proposition suivante est l'éclaircissement ou le développement : *il faut nous entendre: lorsqu'on ne s'entend pas, on ne peut réussir à rien* Les deux points s'emploient aussi après une proposition qui annonce une énumération ou une citation : *les parties du discours sont: le nom, l'article*, etc. , *il lui dit : voyez maintenant*, etc.

367. La VIRGULE (,) s'emploie pour séparer les parties peu étendues d'une phrase : *il viendra, il travaillera; — le soleil, la lune, les étoiles; — cette contrée est peuplée, riche, fertile :* — sauf lorsque ces parties sont unies par les conjonctions *et, ou, ni : il viendra et il travaillera; — le soleil et la lune; — cette contrée n'est ni peuplée ni riche ni fertile.* Lorsque les parties ont une certaine étendue, les conjonctions

et, *ou*, *ni*, ne dispensent pas de l'emploi de la virgule : *je m'enfonçai dans un bois sombre, et j'aperçus un vieillard vénérable.*

On place entre deux virgules les propositions incidentes explicatives, et le nom des personnes à qui l'on adresse la parole : *vous voyez, mon enfant, que vous avez tort; — le mensonge, qui est un vice, ne produit que du mal.*

On place aussi la virgule avant un verbe séparé de son sujet par une incidente déterminative : *le vice qui m'est le plus odieux, est le mensonge;* ou pour remplacer un verbe sous-entendu : *la vertu apporte avec elle le bonheur; le vice, le malheur.*

368. Le POINT-VIRGULE (,) s'emploie pour séparer les parties d'une phrase qui ont quelque étendue, surtout lorsqu'elles sont subdivisées par la virgule · *j'espérais réussir dans cette entreprise; mais diverses circonstances qui sont survenues à l'improviste, en ont empêché le succès.*

369. Le POINT D'INTERROGATION (?) s'emploie après les propositions interrogatives, et le POINT D'EXCLAMATION (!) après les propositions exclamatives et les exclamations. On emploie une majuscule après ces points, sauf lorsqu'une phrase renferme à la suite les unes des autres plusieurs interrogations ou exclamations qui ne peuvent se séparer : *quel moyen? quel chemin à prendre? — O malheur! ô bonheur!*

de la *virgule?* — du *point-virgule?* — du *point d'interrogation?* — du *point d'exclamation?*

FIN.

TABLE DES MATIÈRES.

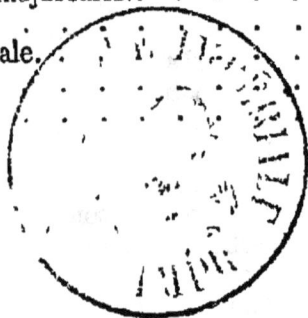

TABLE ALPHABÉTIQUE.

(Les chiffres renvoient aux paragraphes.)

11

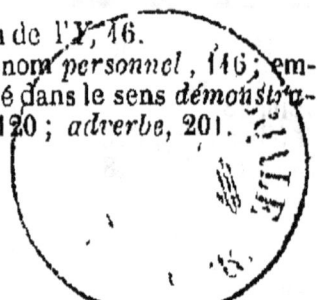

Du même éditeur :

MANUEL de **L'INSTITUTEUR** et de **L'INSTITUTRICE** pour la partie morale et religieuse de l'enseignement primaire : par **J.-B. PONCEAU**, chanoine honoraire et inspecteur diocésain des écoles primaires dans la province de Hainaut. Deuxième édition. 1 vol. in-12, de 108 pp.

CATÉCHISME HISTORIQUE, contenant en abrégé l'histoire sainte et la doctrine chrétienne, par l'abbé **FLEURY** Nouvelle édition faite sur celle des docteurs de Louvain, approuvée par S. E. le cardinal Jean Henri de Franckenberg, archevêque de Malines. In-18 de 126 pp.

POLITESSE (nouveau manuel de) à l'usage de la jeunesse, par un Ecclésiastique, ancien directeur d'une maison d'éducation, 1 vol. in-18 de 68 pp.

ENCYCLOPÉDIE DE L'ENFANCE, simples notions sur la nature, l'industrie et la société, pour servir de livre élémentaire de lecture, dans les écoles primaires catholiques, par Th. **OLIVIER**.

HISTOIRE SAINTE (petite), mise à la portée des enfants ; par un Inspecteur d'écoles, nouvelle édition. 1 vol. in-12 de 48 pp. *orné de 41 grav.*

MORALE EN ACTION (la), ou choix de faits mémorables et instructifs, propres à faire aimer la religion, la sagesse, à former le cœur par l'exemple de toutes les vertus, *nouvelle édit. épurée,* augmentée d'un grand nombre de traits religieux, par l'abbé **HOCQUART**, *ornée de six figures et de nombreux portraits,* gr. vol. in-12.

HISTOIRE DE BELGIQUE, depuis les premiers temps jusqu'à nos jours, à l'usage des maisons d'éducation. 1 vol. gr. in-18 de 306 pp.

HISTOIRE de **L'ÉGLISE CHRÉTIENNE** pour les institutions catholiques, par **CLÉMENT SIEMERS**, professeur au gymnase de Munster. Traduit de l'allemand sur la seconde édition publiée par Aug. **HOELSCHER**, prof. au même gymn. ; et augmentée d'un appendice des faits les plus récents. *Avec approbation de l'Evêché de Tournai et du vicariat-général de Munster.* 1 vol. in-12 de xii-456 pp. — Recommandé par l'*Univers.* Voir le numéro du 9 octobre 1857.

GRAMMAIRE ÉLÉMENTAIRE de la langue française, destinée à l'enseignement primaire des classes laborieuses. Ouvrage posthume de Mme **GATTI DE GAMOND**. 1 vol. in-18 de 96 pp., *cartonné*.

STYLE ÉPISTOLAIRE (nouveau traité de) rédigé en 12 leçons, à l'usage des maisons d'éducation, augmenté de nouveaux modèles de correspondances et d'un recueil de pièces en vers pour le premier jour de l'an, les fêtes et les anniversaires. Nouvelle édition, retouchée d'après l'examen de la *Biographie catholique*. 1 gr. vol. in-18 de 306 pp.

STYLE EN GÉNÉRAL (Traité élémentaire sur le), applicable au **STYLE ÉPISTOLAIRE**, par l'abbé A.-J. **DELBOS**, ancien chef d'institution 1 vol. in-12 de 276 pp.

STYLE ÉPISTOLAIRE, par l'abbé **DELBOS**. — **CORRIGÉ** des matières de lettres, et *solutions* des difficultés grammaticales et littéraires. 1 vol. in-12 de 480 pp.

— TRANSPARENTS (collection de), destinés à servir de guide aux élèves, dans la forme et le cérémonial des lettres et la tenue des cahiers de devoirs, complément pratique et indispensable de tous les traités de style épistolaire. In-8.

MANUEL DU LANGAGE FIGURÉ, petit traité des figures de mots et des figures de pensées, d'après **DUMARSAIS**, **FONTANIER** J.-V. **LECLERC** etc, à l'usage des classes supérieures de langue française ; par un professeur. In-8 de 48 pp.

VRAIS ORNEMENTS de la **MÉMOIRE** (les), ou choix des morceaux de poésie et de prose, accompagnés d'un traité de déclamation, d'un résumé des principales règles de l'art d'écrire, d'analyses littéraires et des notices historiques sur les principaux écrivains suivis d'un choix de poésies des auteurs contemporains, divisés en 4 parties, à l'usage des maisons d'éducation. 1 gr. vol. in-18 de 490 pp., *cartonné*,

RECUEIL DES MEILLEURES FABLES DE LA FONTAINE annotées et suivies de la morale des fables par l'abbé **A.-J. DELBOS**, destinées aux enfants qui fréquentent les écoles primaires. In-18 de 108 pp. avec gravures.

FABLES CHOISIES de **LA FONTAINE** ; nouvelle édition à l'usage des maisons d'éducation, accompagnées de **NOTES** pour l'intelligence des fables, du portrait et d'un recueil de pensees de l'auteur. 1 vol. gr. in-18 de 242 pp *orné de 68 fig.*

FABLES CHOISIES de **FLORIAN**, édition épurée et annotée pour la jeunesse. 1 vol. in-18 de 144 pp. *orné de 14 grav.*

FABLES de **FÉNELON** ; nouvelle édition annotée par l'abbé **DELBOS**. 1 vol. in-18 de 176 pp. ; *orné de jolies grav.*

MENTOR DE LA JEUNESSE, ou maximes, traits d'histoire et fables en vers, propres à former l'esprit et le cœur de la jeunesse, par l'abbé **REYRE**, *édition soigneusement épurée et approuvée ;* in-12, *fig.*

PRONONCIATION (cours élémentaire de) **DE LECTURE A HAUTE VOIX ET DE RECITATION**, d'après l'Académie et les grammairiens les plus estimés, suivi d'un **CHOIX DE MORCEAUX** en prose et en vers, propres à servir d'**EXERCICES**, par Fréd. **HENNEBERT**, professeur de rhétorique française à l'athénée royal de Tournai. Sixième édition, 1 vol. in-12 de 238 et 106 pp.

ESSAI SUR L'ART DE LA PAROLE, de l'action, des accents, et de l'accentuation, par M. V. M. **FOURCADE**, professeur de l'art oral, d'émission de voix, de déclamation lyrique et de langue romane. In-8 de 72 pp.

RÉPERTOIRE DRAMATIQUE des maisons d'éducation. *(Il a été imprimé une notice spéciale).*

HISTOIRE DE BELGIQUE (abrégé de l'), à l'usage des écoles primaires, extraite de l'*Histoire de Belgique*, approuvée et recommandée par l'autorité ecclésiastique. 1 vol. in-18 de 124 pp.

HISTOIRE DE LA RELIGION, depuis la création du monde jusqu'à nos jours, par le R. P BOONE, de la compagnie de Jésus. 1 vol. in-8 de 132 pp.

GÉOGRAPHIE CLASSIQUE, à l'usage des maisons d'éducation, nouvelle édition, suivie d'un précis de Cosmographie. 1 vol in-12 de 228 pp., *orné de 12 cartes.*

GÉOGRAPHIE ÉLÉMENTAIRE, à l'usage des écoles primaires. 1 vol. in-12 de 108 pp. *7 cartes.*

GÉOGRAPHIE DES ENFANTS, ou leçons familières d'un père à son fils sur les premiers éléments de la géographie, par un Inspecteur d'écoles. 1 vol in-12 de 108 pp., *20 cartes.*

ALGÈBRE (traité d'), premier degré, suivi d'un recueil de problèmes faciles à l'usage des écoles primaires et moyennes, par J.-B. **WILLEMS**, professeur à l'athénée royal de Tournai 1 vol in-18.

GÉOMÉTRIE PLANE, à l'usage des collèges et des maisons d'éducation, par M L. **CASTERMAN**, professeur à l'athénée royal de Tournai, docteur en sciences, etc. 1 vol in-8, de 228 pp. *orné d'un grand nombre de figures intercalées dans le texte.*

TENUE DES LIVRES (nouveau traité de la), à **PARTIE SIMPLE** et à **PARTIE DOUBLE**, basé sur le **CODE DE COMMERCE**, à l'usage des maisons d'éducation et des marchands. Neuvième édition, revue avec soin et améliorée sous plusieurs rapports. 1 vol. in-8 de 272 pp.

CAHIERS DE COMMERCE (collection de), pour faciliter l'étude de la tenue des livres, format in-folio *propatria*.

— **PARTIE SIMPLE**, 8 cahiers avec jolie couverture collée enfermés dans une enveloppe cartonnée.

— **PARTIE DOUBLE**, 7 cahiers dans une enveloppe cartonnée.

PHYSIQUE (éléments de), à l'usage des maisons d'éducation ; par **M. TANGHE**, inspecteur cantonal des écoles, 1 vol. in-12 de 144 pp. *fig. dans le texte.*

DICTIONNAIRE HISTORIQUE des **ORIGINES, INVENTIONS** et **DÉCOUVERTES**, ou époques et détails des principales découvertes dans les arts, les sciences et les métiers. Gros vol. in-18, *frontispice gravé.*

— **LE MÊME.** In-12, *frontispice gravé.*

LES ARTS ET LES MÉTIERS notions intéressantes sur les différents genres d'industrie mises à la portée de la jeunesse, par **E. HOCQUART**, auteur de plusieurs ouvrages destinées à l'instruction de la jeunesse, etc. In-18 de 322 pp.

MÉTHODE DE LECTURE avec exercices d'écriture et de conjugaison des verbes par **J.-B. FRANCQ** 2 brochures in-18 de 24-72 pp.

CAUSERIES SUR LA SANTÉ, ouvrage destiné à servir de *cours d'hygiène*, pour les jeunes personnes dans les établissements d'instruction, par le docteur **VAN BIERVLIET**. professeur ordinaire de physiologie et de pathologie générale à l'Université catholique de Louvain. 1 vol. in-12 de 324 pp. *orné de 27 grav.*

GRAMMAIRE ÉLÉMENTAIRE de la langue française, destinée à l'enseignement primaire des classes laborieuses. Ouvrage posthume de Mme **GATTI DE GAMOND**. 1 vol. in–18 de 96 pp. *cartonné*.

ENCYCLOPÉDIE DE L'ENFANCE, simples notions sur la nature, l'industrie et la société, pour servir de livre élémentaire de lecture, dans les écoles primaires catholiques, par Th. **OLIVIER**. Vol. in–12 de 100 pp. *cartonné*.

PRONONCIATION (cours élémentaire de) **DE LECTURE A HAUTE VOIX ET DE RECITATION**, d'après l'Académie et les grammairiens les plus estimés, suivi d'un **CHOIX DE M. CEAUX** en prose et en vers, propres a servir d'**EXERCICE** par Fréd. **HENNEBERT**, professeur de rhétorique français l'athénée royal de Tournai. Sixième édition. 1 vol. in–12 de 2. et 106 pp.

TENUE DES LIVRES (nouveau traité de la), à **PARTIE SIMPLE** et à **PARTIE DOUBLE**, basé sur le **CODE DE COMMERCE**, à l'usage des maisons d'éducation et des marchands. Neuvième édition, revue avec soin et améliorée sous plusieurs rapports. 1 vol. in–8 de 272 pp.

CAHIERS DE COMMERCE (collection de), pour faciliter l'étude de la tenue des livres, format in-folio *propatria*.

— **PARTIE SIMPLE**, 8 cahiers avec jolie couverture collée enfermés dans une enveloppe cartonnée.

— **PARTIE DOUBLE**, 7 cahiers dans une enveloppe cartonnée

STYLE EN GÉNÉRAL (Traité élémentaire sur le), applicable au **STYLE ÉPISTOLAIRE**, par l'abbé A.-J. **DELBOS**, ancien chef d'institution. 1 vol. in–12 de 276 pp.

STYLE ÉPISTOLAIRE, par l'abbé **DELBOS**. — **CORRIGÉ** des matières de lettres, et *solutions* des difficultés grammaticales et littéraires. 1 vol. in–12 de 480 pp.

ALGÈBRE (traité d'), premier degré, suivi d'un recueil de problèmes faciles a l'usage des écoles primaires et moyennes, par J.-B. **WILLEMS**, professeur à l'athénée royal de Tournai 1 vol. in–18.

GÉOMÉTRIE PLANE, à l'usage des collèges et des maisons d'éducation, par M. L. **CASTERMAN**, professeur à l'athénée royal de Tournai, docteur en sciences, etc. 1 vol. in–8, de 228 pp. *orné d'un grand nombre de figures intercalées dans le texte.*

www.ingramcontent.com/pod-product-compliance
Lightning Source LLC
Chambersburg PA
CBHW052213270326
41931CB00011B/2339